中华人民共和国法律援助法

（实用版）

中国法制出版社
CHINA LEGAL PUBLISHING HOUSE

图书在版编目（CIP）数据

中华人民共和国法律援助法：实用版 / 中国法制出版社编．—北京：中国法制出版社，2022.8
ISBN 978-7-5216-2792-3

Ⅰ．①中…　Ⅱ．①中…　Ⅲ．①法律援助-法律-中国　Ⅳ．①D926

中国版本图书馆 CIP 数据核字（2022）第 132669 号

责任编辑：李璞娜　　封面设计：杨泽江

中华人民共和国法律援助法（实用版）

ZHONGHUA RENMIN GONGHEGUO FALÜ YUANZHUFA（SHIYONGBAN）

经销/新华书店
印刷/河北华商印刷有限公司
开本/850 毫米×1168 毫米　32 开　　印张/ 5.5　字数/ 128 千
版次/2022 年 8 月第 1 版　　2022 年 8 月第 1 次印刷

中国法制出版社出版
书号 ISBN 978-7-5216-2792-3　　定价：16.00 元

北京市西城区西便门西里甲 16 号西便门办公区
邮政编码：100053　　传真：010-63141600
网址：http：//www.zgfzs.com　　编辑部电话：010-63141663
市场营销部电话：010-63141612　　印务部电话：010-63141606

（如有印装质量问题，请与本社印务部联系。）

■实用版

编辑说明

运用法律维护权利和利益，是读者选购法律图书的主要目的。法律文本单行本提供最基本的法律依据，但单纯的法律文本中的有些概念、术语，读者不易理解；法律释义类图书有助于读者理解法律的本义，但又过于繁杂、冗长。“实用版”法律图书至今已行销多年，因其实用、易懂的优点，成为广大读者理解、掌握法律的首选工具。

“实用版系列”独具五重使用价值：

1. **专业出版。**中国法制出版社是中央级法律类图书专业出版社，是国家法律、行政法规文本的权威出版机构。

2. **法律文本规范。**法律条文利用了本社法律单行本的资源，与国家法律、行政法规正式版本完全一致，确保条文准确、权威。

3. **条文解读详致。**本书中的【理解与适用】从庞杂的相互关联的法律条文以及全国人大常委会法制工作委员会等对条文的权威解读中精选、提炼而来；【典型案例指引】来自最高人民法院指导案例、公报、各高级人民法院判决书等，点出适用要点，展示解决法律问题的实例。

4. **附录实用。**书末收录经提炼的法律流程图、诉讼文书、办案常用数据等内容，帮助提高处理法律纠纷的效率。

5. **附赠电子版。**与本分册主题相关、因篇幅所限而未收录的相关文件、“典型案例指引”所涉及的部分重要案例全文，均制作成电子版文件。扫一扫封底“法规编辑部”即可免费获取。

中国法制出版社

2022 年 7 月

《中华人民共和国法律援助法》理解与适用

2021年8月20日，第十三届全国人大常委会第三十次会议经表决，通过了《中华人民共和国法律援助法》，自2022年1月1日起施行，从法律层面对法律援助工作作出了具体规定。

《中华人民共和国法律援助法》共7章71条，具体分为总则、机构和人员、形式和范围、程序和实施、保障和监督、法律责任、附则，主要围绕“广覆盖”“高质量”两大目标进行了规定。①

“广覆盖”主要体现在：

第一，法律援助的形式和范围进一步扩大，第22条将“劳动争议调解与仲裁代理”作为新增法律援助形式，并增加“规章”作为扩大法律援助形式的依据。

第二，对于刑事法律援助，第25条在应当通知辩护范围中增加“申请法律援助的死刑复核案件被告人”，并将“盲、聋、哑人”扩大为“视力、听力、言语残疾人”。第29条将刑事附带民事诉讼案件的原告人及其法定代理人纳入可以申请法律援助范围。

第三，对于民事、行政法律援助，第31条在申请法律援助的事项中增加“确认劳动关系”“生态破坏损害赔偿”等情形。第32条在申请法律援助不受经济困难条件限制的情形中，增加规定“英雄烈士近亲属为维护英雄烈士的人格权益”“因见义勇为行为主张相关民事权益”等情形。

“高质量”主要体现在：

第一，对可能被判处无期徒刑、死刑的人，以及死刑复核案件的被告人提供法律援助的资格问题作出规定，第26条明确“应当指派具有三年以上相关执业经历的律师担任辩护人”。

第二，第32条对免予经济困难审查和第44条对先行提供法律援助的情形作出明确，有利于及时为当事人提供法律服务，化解纠

---

① 参见《法律援助：既要广覆盖又要高质量》，载中国人大网，http://www.npc.gov.cn/npc/c30834/202108/bb4c21cffa854dad87755c0174970991.shtml，最后访问时间：2022年7月13日。

纷，维护社会安定。

第三，增强了法律援助的保障水平。参见第4条、第52条、第55条对法律援助经费、补贴标准、流动机制等相关规定。

第四，加大了对法律援助机构和人员的监管力度。第55条、第56条对法律援助工作的投诉查处作出制度性规定。第57条还规定了引入第三方评估等多种方式定期对法律援助服务质量进行考核。第60条则明确了律师协会对律师事务所、律师履行法律援助义务的考核和相关惩戒措施。

目　录

中华人民共和国法律援助法

第一章　总　则

第二章　机构和人员

第六章　法律责任

第七章　附　则

实用核心法规

典型案例

实用附录

电子版增补法规

中华人民共和国法律援助法

（2021年8月20日第十三届全国人民代表大会常务委员会第三十次会议通过　2021年8月20日中华人民共和国主席令第93号公布　自2022年1月1日起施行）

目　录

第一章　总　　则

第一条　立法目的[①]

为了规范和促进法律援助工作，保障公民和有关当事人的合法权益，保障法律正确实施，维护社会公平正义，制定本法。

▶理解与适用

本条是关于立法目的的规定。一是规范和促进法律援助工作。二是保障公民和有关当事人的合法权益。三是保障法律正确实施。四是维护社会公平正义。

▶条文参见

《法律援助条例》第1条；《关于完善法律援助制度的意见》

① 条文主旨为编者所加，下同。

第二条 基本含义

本法所称法律援助，是国家建立的为经济困难公民和符合法定条件的其他当事人无偿提供法律咨询、代理、刑事辩护等法律服务的制度，是公共法律服务体系的组成部分。

▶理解与适用

可以从四个方面来理解法律援助的概念：首先，法律援助是国家建立的一项法律制度，体现了国家责任。明确国家责任有利于动员更多力量参与法律援助，不仅政府有责任，立法机关、司法机关以及社会各方面都有责任。其次，法律援助的对象是经济困难公民和符合法定条件的其他当事人。第一，法律援助的对象是自然人，不包括法人等组织；第二，法律援助的对象不仅包括经济困难公民，还包括符合法定条件的其他当事人。再次，法律援助是一种无偿提供的法律服务。简单理解，法律援助就是让贫困和其他弱势群体打得起官司、打得赢官司。最后，法律援助是公共法律服务体系的组成部分。

▶条文参见

《律师法》第 28 条；《法律援助条例》第 2 条；《办理法律援助案件程序规定》第 24 条

第三条 基本原则

法律援助工作坚持中国共产党领导，坚持以人民为中心，尊重和保障人权，遵循公开、公平、公正的原则，实行国家保障与社会参与相结合。

▶理解与适用

本条是关于法律援助工作应当遵循的基本原则的规定。根据本条规定，法律援助工作应当遵循五项原则：坚持中国共产党领导，坚持以人民为中心，尊重和保障人权，遵循公开、公平、公正的原则，实行国家保障与社会参与相结合。这些原则内涵于法律援助法的立法目的以及我国法律援助的概念之中，并体现在本法各项具体制度设计之中。

▶条文参见

《政府信息公开条例》第5条

第四条 法律援助保障体系

县级以上人民政府应当将法律援助工作纳入国民经济和社会发展规划、基本公共服务体系，保障法律援助事业与经济社会协调发展。

县级以上人民政府应当健全法律援助保障体系，将法律援助相关经费列入本级政府预算，建立动态调整机制，保障法律援助工作需要，促进法律援助均衡发展。

▶理解与适用

本条是关于人民政府保障职责的规定。

根据本条规定，县级以上人民政府应当将法律援助工作纳入国民经济和社会发展规划，纳入基本公共服务体系。本条规定的责任主体是县级以上人民政府，不包括乡镇一级政府。同时，县级以上人民政府还应当将法律援助相关经费列入本级政府预算，建立动态调整机制。也就是说，法律援助经费的规模应当根据法律援助工作的实际需要而定，而不是盲目“多多益善”或者“只增不减”。

▶条文参见

《法律援助条例》第3条

第五条 政府相关部门职责

国务院司法行政部门指导、监督全国的法律援助工作。县级以上地方人民政府司法行政部门指导、监督本行政区域的法律援助工作。

县级以上人民政府其他有关部门依照各自职责，为法律援助工作提供支持和保障。

▶理解与适用

本条是关于政府相关部门职责的规定。

[司法行政部门指导、监督法律援助工作]

一是从层级上看，国务院司法行政部门，即司法部，作为中央政府组成部门，指导、监督全国的法律援助工作；县级以上地方人民政府司法行政部门指导、监督本行政区域的法律援助工作。二是从职责内容上看，主要包括指导和监督两个方面。指导包括制定配套规章制度、发布典型案例、加强法律援助普法宣传等；监督主要是对法律援助机构以及各类法律援助人员执行法律法规和政策的情况进行监督。

[其他有关部门提供支持和保障]

如依托社会救助对象以及老年人、残疾人等数据系统，建立法律援助对象动态数据库，简化审查程序，就需要财政、民政等部门提供支持和保障。

▶条文参见

《法律援助条例》第4、5条

第六条 公检法机关保障职责

人民法院、人民检察院、公安机关应当在各自职责范围内保障当事人依法获得法律援助，为法律援助人员开展工作提供便利。

▶条文参见

《刑事诉讼法》第35条第2、3款，第36条第2款，第39条第2款，第293条，第304条第2款；《最高人民法院、司法部关于开展刑事案件律师辩护全覆盖试点工作的办法》第13条

第七条 律师协会职责

律师协会应当指导和支持律师事务所、律师参与法律援助工作。

▶条文参见

《律师法》第28、42条；《法律援助条例》第4条；《最高人民法院、司法部关于开展刑事案件律师辩护全覆盖试点工作的办法》第7条，第10条，第19条，第22条

第八条 鼓励群团组织、事业单位、社会组织提供法律援助

国家鼓励和支持群团组织、事业单位、社会组织在司法行政部门指导下，依法提供法律援助。

▶理解与适用

本条是关于国家鼓励和支持群团组织、事业单位、社会组织在司法行政部门指导下依法提供法律援助的规定。

1. 群团组织。群团组织是群众性团体组织的简称。截至2019年，我国群团组织共有22个，包括中华全国总工会、中国共产主义青年团中央委员会、中华全国妇女联合会、中国文学艺术界联合会、中国作家协会、中国科学技术协会、中华全国归国华侨联合会、中国法学会、中国人民对外友好协会、中华全国新闻工作者协会、中华全国台湾同胞联谊会、中国国际贸易促进委员会、中国残疾人联合会、中国红十字会总会、中国人民外交学会、中国宋庆龄基金会、黄埔军校同学会、欧美同学会、中国思想政治工作研究会、中华职业教育社、中华全国工商业联合会和中国计划生育协会。

2. 事业单位。根据《事业单位登记管理暂行条例》，事业单位是指国家为了社会公益目的，由国家机关举办或者其他组织利用国有资产举办的，从事教育、科技、文化、卫生等活动的社会服务组织。

3. 社会组织。我国社会组织包括社会团体、基金会和社会服务机构三类。

▶条文参见

《法律援助条例》第8条；《社会团体登记管理条例》；《民办非企业单位登记管理暂行条例》；《基金会管理条例》；《全国性社会组织评估管理规定》；《事业单位登记管理暂行条例》

第九条 社会力量支持

国家鼓励和支持企业事业单位、社会组织和个人等社会力量，依法通过捐赠等方式为法律援助事业提供支持；对符合条件的，给予税收优惠。

▶理解与适用

本条是关于国家鼓励和支持社会力量为法律援助事业提供支持的规定。根据本条规定，社会力量可以通过捐赠等方式为法律援助事业提供支持，符合法定条件的，可以享受税收优惠。

▶条文参见

《民法典》第658-660、663、665条；《法律援助条例》第7、8条；《公益事业捐赠法》；《慈善法》；《企业所得税法》；《个人所得税法》

第十条 法律援助宣传与监督

司法行政部门应当开展经常性的法律援助宣传教育，普及法律援助知识。

新闻媒体应当积极开展法律援助公益宣传，并加强舆论监督。

第十一条 表彰与奖励

国家对在法律援助工作中做出突出贡献的组织和个人，按照有关规定给予表彰、奖励。

▶理解与适用

本条是关于国家对在法律援助工作中做出突出贡献的组织和个人按照有关规定给予表彰、奖励的规定。实施表彰、奖励的主体主要是负责指导、监督法律援助工作的司法行政部门。同时，有关的社会团体或者其他社会组织，如工会、共产主义青年团、妇女联合会、残疾人联合会等群团组织也可以根据实际情况，联合司法行政部门实施表彰、奖励。

表彰主要是精神层面的。表彰的形式包括对受表彰的组织和个人授予光荣称号，颁发奖章、证书，以及对先进事迹进行宣传等。奖励一般包括给予一定的奖金、经费等。

▶条文参见

《法律援助条例》第9条；《最高人民法院关于适用〈中华人民共和国刑事诉讼法〉的解释》第44条；《办理法律援助案件程序规定》第20-22条

第二章 机构和人员

第十二条 法律援助机构的设立及其职责

县级以上人民政府司法行政部门应当设立法律援助机构。法律援助机构负责组织实施法律援助工作，受理、审查法律援助申请，指派律师、基层法律服务工作者、法律援助志愿者等法律援助人员提供法律援助，支付法律援助补贴。

▶理解与适用

在我国，县级以上人民政府司法行政部门设立的法律援助机构，名称一般为“法律援助中心”，代表国家和政府组织实施法律援助。司法部和省、市、县三级司法行政部门都应当设立法律援助机构。法律援助机构不同于法律援助管理机构，后者是司法行政部门设立的负责指导、监督本行政区域法律援助工作的内设或者直属机构，如法律援助局（处）、公共法律服务管理局（处）等。

［法律援助机构的职责］

1. 受理、审查法律援助申请。受理，是指接收公民的法律援助申请，一般表现为接收法律援助申请材料。审查，内容一般包括法律援助的管辖和法律援助条件，经审查后作出是否给予法律援助的决定。

2. 指派律师、基层法律服务工作者、法律援助志愿者等法律援助人员提供法律援助。

3. 支付法律援助补贴。根据《关于完善法律援助补贴标准的指导意见》，法律援助补贴是指法律援助机构按照规定支付给社会律师、基层法律服务工作者、社会组织人员等法律援助事项承办人员（不含法律援助机构工作人员，以及其他承办法律援助事项的具有公职身份的基层法律服务工作者、社会组织人员）所属单位的费用。

▶条文参见

《法律援助条例》第4、19条

第十三条 法律援助受理和法律援助工作站或者联络点设立

法律援助机构根据工作需要，可以安排本机构具有律师资格或者法律职业资格的工作人员提供法律援助；可以设置法律援助工作站或者联络点，就近受理法律援助申请。

▶理解与适用

法律援助机构工作人员属于政府公职人员，承办法律援助事项是职务行为，不领取法律援助补贴，与社会律师不存在市场竞争关系。

法律援助工作站，一般是指法律援助机构依托乡镇司法所、劳动仲裁、监狱、部队、人武部等单位以及群团组织设立的服务网点。

法律援助联络点，一般是指法律援助机构在村（居）委会设立的服务网点。

[法律援助工作站和联络点的职责]

受理法律援助申请，也就是接收群众提交法律援助的申请材料，经初步审查，认为符合法律援助条件的，可以当场受理并及时将申请材料转交给有管辖权的法律援助机构，也可以协助群众通过法律援助服务网或者其他网上渠道申请法律援助。此外，法律援助工作站或者联络点可以提供法律援助咨询解答、代写法律文书、宣传法律援助制度等法律服务。有的法律援助工作站还负责协助法律援助机构开展经济困难状况核查。

▶条文参见

《法律援助条例》第5、17、21、24条；本法第57条；《办理法律援助案件程序规定》第18、21条

第十四条 派驻值班律师

法律援助机构可以在人民法院、人民检察院和看守所等场所派驻值班律师，依法为没有辩护人的犯罪嫌疑人、被告人提供法律援助。

▶理解与适用

值班律师，是指法律援助机构在看守所、人民检察院、人民法院等场所设立法律援助工作站，通过派驻或安排的方式，为没有辩护人的犯罪嫌疑人、被告人提供法律帮助的律师。值班律师由法律援助机构派驻，看守所、人民检察院和人民法院不能自行安排律师在上述场所提供值班律师法律帮助。看守所、人民检察院、人民法院应当为法律援助工作站提供必要的办公场所和设施。可以担任值班律师的人员主要包括执业律师和本法第13条规定的法律援助机构中具有律师资格或者法律职业资格的工作人员。基层法律服务工作者、没有执业律师资格的法律援助志愿者不能提供值班律师法律帮助。

值班律师的服务对象是没有辩护人的犯罪嫌疑人、被告人。没有辩护人指犯罪嫌疑人、被告人没有委托辩护人并且不符合法律援助机构指派律师为其提供辩护的条件。没有辩护人的犯罪嫌疑人、被告人提出申请值班律师法律帮助的，法律援助机构免予审查申请人经济困难状况。

▶条文参见

《刑事诉讼法》第35、36、39、173、174、278条；《最高人民法院关于适用〈中华人民共和国刑事诉讼法〉的解释》第44条；《公安机关办理刑事案件程序规定》第49条

第十五条 政府采购

司法行政部门可以通过政府采购等方式，择优选择律师事务所等法律服务机构为受援人提供法律援助。

▶条文参见

《政府采购法》第22条；《律师法》第42条；《法律援助条例》

第6条；《关于刑事诉讼法律援助工作的规定》第26条；《律师执业管理办法》第45条；《办理法律援助案件程序规定》第22条；《司法部、财政部关于建立健全政府购买法律服务机制的意见》

第十六条 法律援助义务主体

律师事务所、基层法律服务所、律师、基层法律服务工作者负有依法提供法律援助的义务。

律师事务所、基层法律服务所应当支持和保障本所律师、基层法律服务工作者履行法律援助义务。

▶条文参见

本法第55、57、61-63条；《律师执业管理办法》第45条；《律师事务所管理办法》第48条；《基层法律服务所管理办法》第24条；《基层法律服务工作者管理办法》第34条

第十七条 法律援助志愿服务

国家鼓励和规范法律援助志愿服务；支持符合条件的个人作为法律援助志愿者，依法提供法律援助。

高等院校、科研机构可以组织从事法学教育、研究工作的人员和法学专业学生作为法律援助志愿者，在司法行政部门指导下，为当事人提供法律咨询、代拟法律文书等法律援助。

法律援助志愿者具体管理办法由国务院有关部门规定。

▶理解与适用

高等院校、科研机构中从事法学教育、研究工作的人员和法学专业学生提供法律援助服务要以法律援助志愿者身份进行。法律援助志愿服务的形式主要是为当事人提供法律咨询、代拟法律文书、部分案件代理等，志愿者也可以参与法律援助宣传、培训、理论研究、案件质量评估等工作。

▶条文参见

《志愿服务条例》第23、32条

第十八条 法律服务资源依法跨区域流动机制

国家建立健全法律服务资源依法跨区域流动机制，鼓励和支持律师事务所、律师、法律援助志愿者等在法律服务资源相对短缺地区提供法律援助。

▶条文参见

《律师法》第42条

第十九条 法律援助人员的职责

法律援助人员应当依法履行职责，及时为受援人提供符合标准的法律援助服务，维护受援人的合法权益。

▶理解与适用

"及时"与本法第36、39、43、49条等规定的"三日内""二十四小时内""七日内""五日内"等具体时效要求相衔接。

符合标准的法律援助服务是指法律援助人员依照司法部出台的《全国刑事法律援助服务规范》《全国民事行政法律援助服务规范》和地方出台的服务标准，提供高质量法律援助服务等。

▶条文参见

《律师法》第42条；《法律援助条例》第6条；《律师执业管理办法》第45条；《办理法律援助案件程序规定》第23条

第二十条 法律援助人员职业道德和执业纪律

法律援助人员应当恪守职业道德和执业纪律，不得向受援人收取任何财物。

▶理解与适用

不得向受援人收取任何财物，是指法律援助人员不能被动接受受援人赠送的任何财物，更不能主动要求受援人给予财物。

▶条文参见

《律师法》第3条；《法律援助条例》第22条

第二十一条 保密义务

法律援助机构、法律援助人员对提供法律援助过程中知悉的国家秘密、商业秘密和个人隐私应当予以保密。

▶理解与适用

［国家秘密］

国家秘密是指关系国家安全和利益，依照法定程序确定，在一定时间内只限一定范围的人员知悉的事项。其包括：国家事务重大决策中的秘密事项；国防建设和武装力量活动中的秘密事项；外交和外事活动中的秘密事项以及对外承担保密义务的秘密事项；国民经济和社会发展中的秘密事项；科学技术中的秘密事项；维护国家安全活动和追查刑事犯罪中的秘密事项；经国家保密行政管理部门确定的其他秘密事项；等等。

［商业秘密］

商业秘密是指非公开性的、非排他性的，能使经营者获得利益、竞争优势或其他潜在的商业利益的秘密。

［个人隐私］

个人隐私是指公民个人生活中不愿为他人（一定范围以外的人）公开或知悉的秘密，且这一秘密与其他人及社会利益无关。

▶条文参见

《民法典》第1032、1033条；《律师执业管理办法》第43条

第三章 形式和范围

第二十二条 法律援助服务形式

法律援助机构可以组织法律援助人员依法提供下列形式的法律援助服务：

（一）法律咨询；

（二）代拟法律文书；

（三）刑事辩护与代理；

（四）民事案件、行政案件、国家赔偿案件的诉讼代理及非诉讼代理；

（五）值班律师法律帮助；

（六）劳动争议调解与仲裁代理；

（七）法律、法规、规章规定的其他形式。

▶理解与适用

本条是关于法律援助服务形式的规定。

根据本条规定，法律援助服务形式包括法律咨询，代拟法律文书，刑事辩护与代理，民事案件、行政案件、国家赔偿案件的诉讼代理及非诉讼代理，值班律师法律帮助，劳动争议调解与仲裁代理，法律、法规、规章规定的其他形式。

[代拟法律文书]

代拟法律文书是替有困难的当事人起草、撰写申请书、起诉状、答辩状、申诉状等。

[值班律师法律帮助]

值班律师法律帮助是法律援助机构通过在人民法院、人民检察院、看守所等场所设立法律援助工作站，以派驻或者安排律师的方式，为没有辩护人的犯罪嫌疑人、被告人提供法律咨询、程序选择建议、申请变更强制措施、对案件处理提出意见等。

▶条文参见

《刑事诉讼法》第35、36、39、278、293、304条；《律师法》第28条；《律师执业管理办法》第25条；《法律援助值班律师工作办法》；《关于完善法律援助制度的意见》；《劳动争议调解仲裁法》

第二十三条 法律咨询服务提供

法律援助机构应当通过服务窗口、电话、网络等多种方式提供法律咨询服务；提示当事人享有依法申请法律援助的权利，并告知申请法律援助的条件和程序。

▶理解与适用

本条的提示和告知义务与本法第35条规定的告知义务不同。这里的提示和告知义务的主体是法律援助机构；第35条规定的告知义务的主体是人民法院、人民检察院、公安机关和有关部门。

▶条文参见

《办理法律援助案件程序规定》第24条

第二十四条 刑事法律援助申请

刑事案件的犯罪嫌疑人、被告人因经济困难或者其他原因没有委托辩护人的，本人及其近亲属可以向法律援助机构申请法律援助。

▶理解与适用

[申请刑事法律援助的条件]

（1）法律援助的对象是刑事案件的犯罪嫌疑人、被告人，既包括刑事公诉案件的犯罪嫌疑人、被告人，也包括刑事自诉案件的被告人。（2）申请法律援助的原因是因经济困难或者其他原因没有委托辩护人。（3）申请主体是犯罪嫌疑人、被告人本人及其近亲属。这里的近亲属指该犯罪嫌疑人、被告人的夫、妻、父、母、子、女、同胞兄弟姊妹。（4）向办案机关所在地法律援助机构提出申请。

▶条文参见

《刑事诉讼法》第35、293条；《法律援助条例》第11条

第二十五条 应当指派律师辩护人和可以指派律师辩护人的情形

刑事案件的犯罪嫌疑人、被告人属于下列人员之一，没有委托辩护人的，人民法院、人民检察院、公安机关应当通知法律援助机构指派律师担任辩护人：

（一）未成年人；

（二）视力、听力、言语残疾人；

（三）不能完全辨认自己行为的成年人；

（四）可能被判处无期徒刑、死刑的人；

（五）申请法律援助的死刑复核案件被告人；

（六）缺席审判案件的被告人；

（七）法律法规规定的其他人员。

其他适用普通程序审理的刑事案件，被告人没有委托辩护人的，人民法院可以通知法律援助机构指派律师担任辩护人。

▶理解与适用

［应当指派律师担任辩护人的情形］

1. 未成年人。犯罪嫌疑人、被告人是未成年人，且没有委托辩护人的，人民法院、人民检察院、公安机关应当通知法律援助机构指派律师担任辩护人。

2. 视力、听力、言语残疾人。犯罪嫌疑人、被告人是视力、听力、言语残疾人，且没有委托辩护人的，人民法院、人民检察院、公安机关应当通知法律援助机构指派律师担任辩护人。根据国家标准《残疾人残疾分类和分级》（GB/T 26341—2010）的规定，视力残疾是指各种原因导致双眼视力低下并且不能矫正或双眼视野缩小，以致影响其日常生活和社会参与。视力残疾包括盲及低视力。听力残疾是指各种原因导致双耳不同程度的永久性听力障碍，听不到或听不清周围环境声及言语声，以致影响其日常生活和社会参与。言语残疾是指各种原因导致的不同程度的言语障碍，经治疗一年以上不愈或病程超过两年，而不能或难以进行正常的言语交流活动，以致影响其日常生活和社会参与。包括：失语、运动性构音障碍、器质性构音障碍、发声障碍、儿童言语发育迟滞、听力障碍所致的言语障碍、口吃等。

3. 不能完全辨认自己行为的成年人。犯罪嫌疑人、被告人是不能完全辨认自己行为的成年人，且没有委托辩护人的，人民法院、人民检察院、公安机关应当通知法律援助机构指派律师担任辩护人。不能完全辨认自己行为的成年人是指《刑事诉讼法》中规定的尚未完全丧失辨认或者控制自己行为能力的精神病人。

4. 可能被判处无期徒刑、死刑的人。这里的“可能”被判处无期徒刑、死刑，是人民法院、人民检察院、公安机关根据案件的事实和证据情况得出的一种判断，而非定论。这里的“死刑”包括“死刑立即执行”和“死刑缓期两年执行”。

5. 申请法律援助的死刑复核案件被告人。死刑复核案件中的被告人没有委托辩护人，向人民法院提出法律援助申请的，人民法院应当通知法律援助机构指派律师担任辩护人。需要说明的是，本项通知程序的启动，不是人民法院发现死刑复核案件被告人没有委托辩护人，即应通知法律援助机构指派律师担任辩护人，还需要被告人提出法律援助申请。此外，本项与本法第 39 条的不同之处在于，本项属于应当通知辩护的范围，没有委托辩护人的死刑复核案件被告人提出法律援助申请，人民法院即应当通知法律援助机构，法律援助机构接到通知后应当指派律师担任其辩护人。而第 39 条规定的是人民法院等向法律援助机构转交被告人法律援助申请的义务，是否提供法律援助需由法律援助机构审查决定。因此，没有委托辩护人的死刑复核案件被告人，就死刑复核事项提出法律援助申请的，不适用本法第 39 条的规定。

6. 缺席审判案件的被告人。根据《刑事诉讼法》的规定，对于贪污贿赂犯罪案件，以及需要及时进行审判，经最高人民检察院核准的严重危害国家安全犯罪、恐怖活动犯罪案件，人民法院在特定条件下可以在被告人不出庭的情况下进行开庭审判。需要说明的是，这里只针对进入审判程序的被告人，在侦查阶段和审查起诉阶段，虽然上述案件的犯罪嫌疑人在境外，但公安机关、人民检察院仅需告知其有权委托辩护人，而无须通知法律援助机构指派律师担任其辩护人。

7. 法律法规规定的其他人员。

▶条文参见

《法律援助条例》第12条；《最高人民法院关于适用〈中华人民共和国刑事诉讼法〉的解释》第47条；《人民检察院刑事诉讼规则》第42条；《关于刑事诉讼法律援助工作的规定》第9、13条

第二十六条 特殊案件辩护人的条件

对可能被判处无期徒刑、死刑的人，以及死刑复核案件的被告人，法律援助机构收到人民法院、人民检察院、公安机关通知后，应当指派具有三年以上相关执业经历的律师担任辩护人。

▶理解与适用

[为特殊犯罪嫌疑人、被告人指派的辩护人应当具备的条件]

1. 法律援助机构只能指派律师，而不能指派非律师的基层法律服务工作者、法律援助志愿者等法律援助人员担任辩护人。

2. 这里的“律师”是指《律师法》规定中的律师，即依法取得律师执业证书，接受委托或者指定，为当事人提供法律服务的执业人员。

3. 指派的律师必须具有3年以上相关执业经历。需要注意的是，这里的“相关执业经历”指从事刑事辩护的经历；“3年”应当从取得律师执业证书并开始从事刑事辩护服务起算。对于取得律师执业证书后，未从事刑事辩护服务，或者从事刑事辩护服务不满3年的律师，不得指派其担任本条中的辩护人。

▶条文参见

《律师法》；《关于充分保障律师依法履行辩护职责确保死刑案件办理质量的若干规定》；《关于刑事诉讼法律援助工作的规定》第13条

第二十七条 犯罪嫌疑人、被告人委托辩护权保障

人民法院、人民检察院、公安机关通知法律援助机构指派律师担任辩护人时，不得限制或者损害犯罪嫌疑人、被告人委托辩护人的权利。

▶理解与适用

本条是关于保护犯罪嫌疑人、被告人委托辩护权的规定。

刑事诉讼中，犯罪嫌疑人、被告人的辩护权可以通过自行辩护、委托辩护和法律援助机构指派律师辩护三种方式得以实现。只有在犯罪嫌疑人、被告人没有委托辩护人的情况下，法律援助机构才能指派律师为其提供辩护。这表明法律援助机构指派律师辩护提供的是一种兜底性的法律援助服务，这种辩护形式不能与委托辩护相冲突，更不能限制或者损害犯罪嫌疑人、被告人委托辩护的权利，否则就背离了刑事法律援助维护司法公正的目的和初衷。

▶条文参见

《刑事诉讼法》第33、34条

第二十八条　强制医疗案件的法律援助

强制医疗案件的被申请人或者被告人没有委托诉讼代理人的，人民法院应当通知法律援助机构指派律师为其提供法律援助。

▶理解与适用

本条是关于为强制医疗案件的被申请人或者被告人提供法律援助的规定。

《刑事诉讼法》第302条规定，实施暴力行为，危害公共安全或者严重危害公民人身安全，经法定程序鉴定依法不负刑事责任的精神病人，有继续危害社会可能的，可以予以强制医疗。需要注意的是，一是由于被申请人、被告人是无民事行为能力人，自己无法委托诉讼代理人，需要由其法定代理人代为委托，因此，这里的“没有委托诉讼代理人”包括“其法定代理人没有代为委托诉讼代理人”。二是委托诉讼代理人参照委托辩护人的规定执行。因此，被申请人或者被告人可以委托一至二人作为诉讼代理人。可以被委托为诉讼代理人的范围包括：律师；人民团体或者被申请人、被告人所在单位推荐的人；被申请人、被告人的监护人、亲友。三是通知义务的主体仅限于人民法院。四是根据本法第36条的规定，人民法院、人民检察院、公安机关发现强制医疗案件的被申请人、被告人没有委托诉讼代理人的，应当在3日内通知法律援助机构指派律师，法律援助机构收到通知后应当在3日内指派律师并通知人民法院、人民检察院、公安机关。五是法律援助机构只能指派律师为被申请人或者被告人提供法律援助。

▶条文参见

《刑法》第18条;《刑事诉讼法》第47、302、304条;《人民检察院刑事诉讼规则》第545条

第二十九条 被害人、自诉人及原告人等法律援助申请

刑事公诉案件的被害人及其法定代理人或者近亲属，刑事自诉案件的自诉人及其法定代理人，刑事附带民事诉讼案件的原告人及其法定代理人，因经济困难没有委托诉讼代理人的，可以向法律援助机构申请法律援助。

▶理解与适用

根据本条规定，下列人员因经济困难没有委托诉讼代理人的，可以向法律援助机构申请法律援助。

1. 刑事公诉案件的被害人及其法定代理人或者近亲属

这里规定法定代理人有权申请法律援助，是考虑到一些被害人是未成年人或者无民事行为能力人，他们的诉讼权利需要由其法定代理人代为行使。规定被害人的近亲属有权申请法律援助，主要是考虑有些刑事公诉案件造成了被害人死亡，这种情况下可由其近亲属委托诉讼代理人参加诉讼。

2. 刑事自诉案件的自诉人及其法定代理人

自诉案件。(1)告诉才处理的案件，包括：侮辱、诽谤案；暴力干涉婚姻自由案；虐待案；侵占案。(2)被害人有证据证明的轻微刑事案件，包括：故意伤害案(轻伤)；非法侵入住宅案；侵犯通信自由案；重婚案；遗弃案；生产、销售伪劣商品案(严重危害社会秩序和国家利益的除外)；侵犯知识产权案(严重危害社会秩序和国家利益的除外)；《刑法》分则，第4章、第5章规定的，可能判处3年有期徒刑以下刑罚的案件。(3)被害人有证据证明对被告人侵犯自己人身、财产权利的行为应当依法追究刑事责任，而公安机关或者人民检察院不予追究被告人刑事责任的案件。

3. 刑事附带民事诉讼案件的原告人及其法定代理人

《刑事诉讼法》第 101 条第 1 款规定："被害人由于被告人的犯罪行为而遭受物质损失的，在刑事诉讼过程中，有权提起附带民事诉讼。被害人死亡或者丧失行为能力的，被害人的法定代理人、近亲属有权提起附带民事诉讼。"

▶条文参见

《刑法》；《刑事诉讼法》第 46、101、210 条；《关于刑事诉讼法律援助工作的规定》第 3、5 条；《最高人民法院关于适用〈中华人民共和国刑事诉讼法〉的解释》第 1、62 条

第三十条 值班律师提供法律帮助

值班律师应当依法为没有辩护人的犯罪嫌疑人、被告人提供法律咨询、程序选择建议、申请变更强制措施、对案件处理提出意见等法律帮助。

▶理解与适用

[值班律师的工作职责]

1. 提供法律咨询

值班律师提供法律咨询时，应当告知犯罪嫌疑人、被告人有关法律帮助的相关规定，结合案件所在的诉讼阶段，解释相关诉讼权利和程序规定，解答犯罪嫌疑人、被告人咨询的法律问题。值班律师提供法律咨询的，应当记录犯罪嫌疑人、被告人涉嫌的罪名、咨询的法律问题、提供的法律解答。

2. 提供程序选择建议

这是指对于采取何种诉讼程序处理案件，值班律师在向犯罪嫌疑人、被告人说明程序的法律规定和法律结果的基础上，向犯罪嫌疑人、被告人提出选择建议。

3. 申请变更强制措施

犯罪嫌疑人被采取强制措施的，值班律师可以为其向有关司法机关申请予以变更。例如，犯罪嫌疑人被拘留、逮捕的，有关司法机关经申请可以将拘留、逮捕变更为取保候审、监视居住。

4. 对案件处理提出意见

包括对犯罪嫌疑人、被告人如何进行刑事诉讼，在诉讼中如何供述等程序问题提出意见，也包括对是否构成犯罪，是否有自首、立功、坦白等情节，人民检察院的量刑建议中的主刑、附加刑以及是否适用缓刑等问题，为犯罪嫌疑人、被告人向人民法院、人民检察院、公安机关提出处理意见。

▶条文参见

《刑事诉讼法》第36条；《法律援助值班律师工作办法》第6-9条

第三十一条 民事和行政法律援助事项范围

下列事项的当事人，因经济困难没有委托代理人的，可以向法律援助机构申请法律援助：

（一）依法请求国家赔偿；

（二）请求给予社会保险待遇或者社会救助；

（三）请求发给抚恤金；

（四）请求给付赡养费、抚养费、扶养费；

（五）请求确认劳动关系或者支付劳动报酬；

（六）请求认定公民无民事行为能力或者限制民事行为能力；

（七）请求工伤事故、交通事故、食品药品安全事故、医疗事故人身损害赔偿；

（八）请求环境污染、生态破坏损害赔偿；

（九）法律、法规、规章规定的其他情形。

▶理解与适用

申请民事和行政法律援助应当具备三个条件：第一，经济困难；第二，没有委托代理人；第三，具体事项类型符合法定的范围。

［依法请求国家赔偿］

国家机关和国家机关工作人员行使职权侵犯公民、法人和其他组织合法权益，造成损害的，受害人有依法取得国家赔偿的权利。国家赔偿包括行政赔偿和司法赔偿。

行政机关及其工作人员在行使行政职权时有下列侵犯人身权情

形之一的，受害人有取得赔偿的权利：（1）违法拘留或者违法采取限制公民人身自由的行政强制措施的；（2）非法拘禁或者以其他方法非法剥夺公民人身自由的；（3）以殴打、虐待等行为或者唆使、放纵他人以殴打、虐待等行为造成公民身体伤害或者死亡的；（4）违法使用武器、警械造成公民身体伤害或者死亡的；（5）造成公民身体伤害或者死亡的其他违法行为。行政机关及其工作人员在行使行政职权时有下列侵犯财产权情形之一的，受害人有取得赔偿的权利：（1）违法实施罚款、吊销许可证和执照、责令停产停业、没收财物等行政处罚的；（2）违法对财产采取查封、扣押、冻结等行政强制措施的；（3）违法征收、征用财产的；（4）造成财产损害的其他违法行为。

行使侦查、检察、审判职权的机关以及看守所、监狱管理机关及其工作人员在行使职权时有下列侵犯人身权情形之一的，受害人有取得赔偿的权利：（1）违反《刑事诉讼法》的规定对公民采取拘留措施的，或者依照《刑事诉讼法》规定的条件和程序对公民采取拘留措施，但是拘留时间超过《刑事诉讼法》规定的时限，其后决定撤销案件、不起诉或者判决宣告无罪终止追究刑事责任的；（2）对公民采取逮捕措施后，决定撤销案件、不起诉或者判决宣告无罪终止追究刑事责任的；（3）依照审判监督程序再审改判无罪，原判刑罚已经执行的；（4）刑讯逼供或者以殴打、虐待等行为或者唆使、放纵他人以殴打、虐待等行为造成公民身体伤害或者死亡的；（5）违法使用武器、警械造成公民身体伤害或者死亡的。

行使侦查、检察、审判职权的机关以及看守所、监狱管理机关及其工作人员在行使职权时有下列侵犯财产权情形之一的，受害人有取得赔偿的权利：（1）违法对财产采取查封、扣押、冻结、追缴等措施的；（2）依照审判监督程序再审改判无罪，原判罚金、没收财产已经执行的。

《国家赔偿法》规定了能够请求国家赔偿的途径，包括向赔偿义务机关提出、申请复议、提起诉讼等，在这些程序中，当事人可以依法申请法律援助。

[请求给予社会保险待遇或者社会救助]

社会保险待遇是指参加社会保险的个人，在符合法定条件时要求社会保险经办机构给付的相关费用等待遇。社会保险待遇包括基本养老保险、基本医疗保险、工伤保险、失业保险和生育保险等领域的保险待遇。个人对社会保险经办机构不依法支付社会保险待遇的行为，可以依法申请行政复议或者提起行政诉讼。

社会救助是指国家对生活困难的人员给予的相关帮助，以保障其基本生活。社会救助包括最低生活保障、特困人员供养、受灾人员救助、医疗救助、教育救助、住房救助、就业救助、临时救助等。申请或者已获得社会救助的家庭或者人员，对社会救助管理部门作出的具体行政行为不服的，可以依法申请行政复议或者提起行政诉讼。

本法将请求给予社会保险待遇或者社会救助的事项纳入法律援助范围。

[请求发给抚恤金]

抚恤金分为三种：一是与军人、退役军人等有关的抚恤金。军人因战、因公、因病致残的，享受国家规定的残疾抚恤金。军人牺牲、病故的，国家按照规定发给其遗属抚恤金。二是与社会保险有关的抚恤金。失业人员在领取失业保险金期间死亡的，向其遗属发给抚恤金。参加基本养老保险的个人，因病或者非因工死亡的，其遗属可以领取抚恤金；因工死亡的，其遗属领取供养亲属抚恤金。三是国家机关工作人员及离退休人员的抚恤金。

[请求给付赡养费、抚养费、扶养费]

未成年子女或者不能独立生活的成年子女，有权要求父母给付抚养费。

缺乏劳动能力或者生活困难的父母，有权要求其成年子女给付赡养费。

夫妻有相互扶养的义务，需要扶养的一方，在另一方不履行扶养义务时，有要求其给付扶养费的权利。

[请求确认劳动关系或者支付劳动报酬]

根据《劳动争议调解仲裁法》，发生劳动争议，当事人不愿协商、协商不成或者达成和解协议后不履行的，可以向调解组织申请调解；不愿调解、调解不成或者达成调解协议后不履行的，可以向劳动争议仲裁委员会申请仲裁；对仲裁裁决不服的，除该法另有规定的外，可以向人民法院提起诉讼。请求确认劳动关系或者支付劳动报酬，是劳动者的重要权益，本法将其纳入法律援助事项范围。

［请求认定公民无民事行为能力或者限制民事行为能力］

认定行为能力案件分为两类：一是申请将一个人认定为限制民事行为能力人或者无民事行为能力人。对于不能辨认或者不能完全辨认自己行为的成年人，其利害关系人或者有关组织，可以向人民法院提出申请。二是将已经被认定为无民事行为能力的人，申请认定为限制民事行为能力人或者完全民事行为能力人；将已经被认定为限制民事行为能力的人，申请认定为完全民事行为能力人。在这些案件中，本人、利害关系人或者有关组织可以申请法律援助。

［请求工伤事故、交通事故、食品药品安全事故、医疗事故人身损害赔偿］

工伤事故、交通事故、食品药品安全事故、医疗事故是现实生活中比较多发的几类事故，造成人身损害的，涉及受害人的医疗费、误工费等方面的赔偿，通常关系到受害人的基本生活，且有的问题专业性强，为了更好地保障受害人的合法权益，本法将这些案件纳入法律援助事项范围。

［请求环境污染、生态破坏损害赔偿］

环境污染主要是指向环境排放物质等超出了环境自净能力导致的环境质量降低，包括水污染、大气污染、噪声污染、固体废弃物污染等。生态破坏是指对自然资源的不合理利用等行为导致对生态平衡等的破坏。

▶条文参见

《国家赔偿法》；《兵役法》；《军人地位和权益保障法》；《退役军人保障法》；《社会保险法》；《行政复议法》；《行政诉讼法》；《民法典》；《劳动法》；《劳动合同法》；《劳动争议调解仲裁法》；《中央专项彩票公益金法律援助项目实施与管理办法》

第三十二条　申请法律援助不受经济困难条件限制的情形

有下列情形之一，当事人申请法律援助的，不受经济困难条件的限制：

（一）英雄烈士近亲属为维护英雄烈士的人格权益；

（二）因见义勇为行为主张相关民事权益；
（三）再审改判无罪请求国家赔偿；
（四）遭受虐待、遗弃或者家庭暴力的受害人主张相关权益；
（五）法律、法规、规章规定的其他情形。

▶理解与适用

通常情况下，当事人申请法律援助需要以经济困难为条件，但有的案件当事人本身就需要给予特殊保护，或者案件涉及维护社会公共利益和弘扬社会主义核心价值观，因此，无论当事人是否经济困难，国家都给予其法律援助。这些案件既包括主张民事损害赔偿的案件，也包括受害人依法提起自诉的刑事案件。

1. 英雄烈士近亲属为维护英雄烈士的人格权益。对侵害英雄烈士的姓名、肖像、名誉、荣誉的行为，英雄烈士的近亲属可以依法向人民法院提起诉讼，法律援助机构应当依法提供法律援助，不受经济困难条件的限制。

2. 因见义勇为行为主张相关民事权益。见义勇为人员因实施见义勇为行为导致自身权益受到侵害，主张损害赔偿等民事权益的，申请法律援助时不受经济困难条件的限制。

3. 再审改判无罪请求国家赔偿。依照审判监督程序再审改判无罪，原判刑罚已经执行或者原判罚金、没收财产已经执行的，受害人有取得国家赔偿的权利。再审改判无罪的当事人请求国家赔偿，不受经济困难条件的限制。

4. 遭受虐待、遗弃或者家庭暴力的受害人主张相关权益。虐待主要有两类：一是家庭成员之间的虐待。二是未成年人、老年人、精神病人、残疾人等特殊群体的照护机构，对被照护者的虐待。遗弃是指对于年老、年幼、患病或者其他没有独立生活能力的人，负有扶养义务而拒绝扶养的行为。根据《反家庭暴力法》的规定，家庭暴力是指家庭成员之间以殴打、捆绑、残害、限制人身自由以及经常性谩骂、恐吓等方式实施的身体、精神等侵害行为。家庭成员以外共同生活的人之间实施的暴力行为，也可适用《反家庭暴力法》的规定进行处理。

5. 法律、法规、规章规定的其他情形。除本法规定的不受经济困难条件限制的案件以外，法律、法规、规章也可以根据实际情况，规定不受经济困难条件限制的其他法律援助的案件范围。例如，《北京市法律援助条例》规定，农民工因请求支付劳动报酬或者工伤赔偿申请法律援助的，不受经济困难条件的限制。

▶条文参见

《国家赔偿法》第17、18条；《民法典》；《未成年人保护法》；《老年人权益保障法》；《妇女权益保障法》；《残疾人保障法》；《精神卫生法》；《刑法》；《反家庭暴力法》

第三十三条 申诉、再审的法律援助申请

当事人不服司法机关生效裁判或者决定提出申诉或者申请再审，人民法院决定、裁定再审或者人民检察院提出抗诉，因经济困难没有委托辩护人或者诉讼代理人的，本人及其近亲属可以向法律援助机构申请法律援助。

▶理解与适用

再审案件的启动一般分为三种情形：由当事人向人民法院申请再审，人民法院决定再审；人民法院审判委员会自行决定再审；当事人向人民检察院申请抗诉，人民检察院提出抗诉，人民法院进行再审。本条适用于第一种情形。再审案件的当事人本人及其近亲属可以申请法律援助，申请法律援助应当符合经济困难这一条件。

▶条文参见

《民事诉讼法》；《行政诉讼法》；《刑事诉讼法》

第三十四条 经济困难标准制定

经济困难的标准，由省、自治区、直辖市人民政府根据本行政区域经济发展状况和法律援助工作需要确定，并实行动态调整。

▶理解与适用

省、自治区、直辖市人民政府是明确经济困难标准的责任主体。

实践中，各地法律援助经济困难标准通常是以当地最低生活保障标准为参照系的，由于最低生活保障标准是需要动态调整的，因此，法律援助经济困难标准也随之调整。

▶条文参见

《法律援助条例》第13条；《办理法律援助案件程序规定》第15条

第四章　程序和实施

第三十五条　申请法律援助告知义务

人民法院、人民检察院、公安机关和有关部门在办理案件或者相关事务中，应当及时告知有关当事人有权依法申请法律援助。

▶理解与适用

公安机关、人民检察院在第一次讯问犯罪嫌疑人或者采取强制措施的时候，应当告知本人及其近亲属可以向法律援助机构申请法律援助。

人民检察院自收到移送审查起诉的案件材料之日起3日内，应当告知犯罪嫌疑人及其近亲属可以向法律援助机构申请法律援助；应当告知被害人及其法定代理人或者近亲属有权委托诉讼代理人，并告知其如果经济困难，可以向法律援助机构申请法律援助。

人民法院自受理案件之日起3日内，应当告知被告人及其近亲属可以向法律援助机构申请法律援助；应当告知自诉人及其法定代理人有权委托诉讼代理人，并告知其如果经济困难，可以向法律援助机构申请法律援助。人民法院决定再审的案件，应当自决定再审之日起3日内履行相关告知职责。

▶条文参见

《关于刑事诉讼法律援助工作的规定》第5、24条

第三十六条 刑事案件法律援助的指派要求

人民法院、人民检察院、公安机关办理刑事案件，发现有本法第二十五条第一款、第二十八条规定情形的，应当在三日内通知法律援助机构指派律师。法律援助机构收到通知后，应当在三日内指派律师并通知人民法院、人民检察院、公安机关。

▶条文参见

《人民检察院刑事诉讼规则》第42条；《公安机关办理刑事案件程序规定》第46条；《关于刑事诉讼法律援助工作的规定》第5条；《关于开展刑事案件律师辩护全覆盖试点工作的办法》

第三十七条 值班律师权利保障

人民法院、人民检察院、公安机关应当保障值班律师依法提供法律帮助，告知没有辩护人的犯罪嫌疑人、被告人有权约见值班律师，并依法为值班律师了解案件有关情况、阅卷、会见等提供便利。

▶理解与适用

保障犯罪嫌疑人、被告人约见值班律师的权利，应当及时、明确和详细告知，让犯罪嫌疑人、被告人清晰地知悉值班律师提供的法律帮助内容、约见的时间和方式等。为犯罪嫌疑人、被告人申请约见值班律师提供便利，让其可以选择通过口头、书面等多种方式提出申请，在犯罪嫌疑人、被告人提出申请后，人民法院、人民检察院、公安机关应当依法及时联系安排。

《刑事诉讼法》第173条规定："人民检察院审查案件，应当讯问犯罪嫌疑人，听取辩护人或者值班律师、被害人及其诉讼代理人的意见，并记录在案。辩护人或者值班律师、被害人及其诉讼代理人提出书面意见的，应当附卷。犯罪嫌疑人认罪认罚的，人民检察院应当告知其享有的诉讼权利和认罪认罚的法律规定，听取犯罪嫌疑人、辩护人或者值班律师、被害人及其诉讼代理人对下列事项的意见，并记录在案：（一）涉嫌的犯罪事实、罪名及适用的法律规定；（二）从轻、减轻或者免除处罚等从宽处罚的建议；（三）认罪认罚后案件审理适用的程序；（四）其他需要听取意见的事项。人民检察院依照前两款规定听取值班律师意见的，应当提前为值班律师了解案件有关情况提供必要的便利。”

▶条文参见

《刑事诉讼法》第36、173条；《法律援助值班律师工作办法》

第三十八条 法律援助管辖

对诉讼事项的法律援助，由申请人向办案机关所在地的法律援助机构提出申请；对非诉讼事项的法律援助，由申请人向争议处理机关所在地或者事由发生地的法律援助机构提出申请。

▶理解与适用

1. 诉讼事项法律援助的申请

诉讼事项主要可以分为民事诉讼、行政诉讼和刑事诉讼等类型。在民事诉讼和行政诉讼中，办案机关所在地就是审理案件的人民法院所在地。刑事诉讼的程序相对复杂，分为侦查阶段、审查起诉阶段和审判阶段，涉及公安机关、人民检察院和人民法院，在不同阶段申请法律援助，应根据该阶段办案机关所在地来确定法律援助机构。

2. 非诉讼事项法律援助的申请

法律援助中的非诉讼事项包括仲裁、行政复议等事项。对于仲裁或者行政复议等非诉讼事项，当事人向争议处理机关所在地或者事由发生地的法律援助机构提出申请。争议处理机关是指处理该事项争议的机关，如仲裁中的仲裁委员会、行政复议程序中的行政复议机关等。事由发生地是指需要处理的事项本身的发生地，如劳动争议纠纷中劳动争议发生地、国家损害赔偿事项中当事人人身或财产受损害的发生地等。

▶条文参见

《法律援助条例》第14条；《办理法律援助案件程序规定》第8、34条

第三十九条 法律援助申请转交

被羁押的犯罪嫌疑人、被告人、服刑人员，以及强制隔离戒毒人员等提出法律援助申请的，办案机关、监管场所应当在二十四小时内将申请转交法律援助机构。

犯罪嫌疑人、被告人通过值班律师提出代理、刑事辩护等法律援助申请的，值班律师应当在二十四小时内将申请转交法律援助机构。

▶理解与适用

被羁押的犯罪嫌疑人、被告人提出法律援助申请的，公安机关、人民检察院、人民法院应当在收到申请24小时内将其申请转交或者告知法律援助机构，并于3日内通知申请人的法定代理人、近亲属或者其委托的其他人员协助向法律援助机构提供证件、证明等相关材料。无法通知犯罪嫌疑人、被告人的法定代理人或者近亲属的，应当在转交申请时一并告知法律援助机构。

▶条文参见

《关于刑事诉讼法律援助工作的规定》第7条；《人民检察院刑事诉讼规则》第43条；《公安机关办理刑事案件程序规定》第47条第1款

第四十条 代为提出法律援助申请

无民事行为能力人或者限制民事行为能力人需要法律援助的，可以由其法定代理人代为提出申请。法定代理人侵犯无民事行为能力人、限制民事行为能力人合法权益的，其他法定代理人或者近亲属可以代为提出法律援助申请。

被羁押的犯罪嫌疑人、被告人、服刑人员，以及强制隔离戒毒人员，可以由其法定代理人或者近亲属代为提出法律援助申请。

▶理解与适用

［无民事行为能力人或者限制民事行为能力人申请法律援助］

根据《民法典》，无民事行为能力人一般包括：不满8周岁的未成年人；不能辨认自己行为的成年人；8周岁以上的未成年人不能辨认自己行为的。限制民事行为能力人一般包括：8周岁以上的未成年人；不能完全辨认自己行为的成年人。无民事行为能力人、限制民事行为能力人的监护人是其法定代理人。

父母是未成年子女的监护人，未成年人的父母已经死亡或者没有监护能力的，由祖父母、外祖父母，兄、姐，或者经未成年人住所地的居民委员会、村民委员会或者民政部门同意担任监护人的个人或者组织按照顺序担任监护人。

无民事行为能力或者限制民事行为能力的成年人，由下列有监护能力的人按顺序担任监护人：（1）配偶；（2）父母、子女；（3）其他近亲属；（4）其他愿意担任监护人的个人或者组织，但是须经被监护人住所地的居民委员会、村民委员会或者民政部门同意。

没有依法具有监护资格的人的，监护人由民政部门担任，也可以由具备履行监护职责条件的被监护人住所地的居民委员会、村民委员会担任。

根据《民法典》第1045条的规定，配偶、父母、子女、兄弟姐妹、祖父母、外祖父母、孙子女、外孙子女为近亲属。根据《刑事诉讼法》第108条的规定，近亲属是指夫、妻、父、母、子、女、同胞兄弟姊妹。

［被羁押的犯罪嫌疑人、被告人、服刑人员，强制隔离戒毒人员申请法律援助］

1. 被羁押的犯罪嫌疑人、被告人

羁押一般是指为防止犯罪嫌疑人、被告人逃跑、自杀、串供、毁灭证据或继续进行犯罪活动，保证侦查、起诉和审判工作的顺利进行，依照《刑事诉讼法》对犯罪嫌疑人、被告人采取的拘留、逮捕等在一定期限内限制其人身自由的强制措施。羁押场所包括看守所、拘留所、留置室。上述两种人员都属于本条所称被羁押的犯罪嫌疑人、被告人。

2. 被羁押的服刑人员

在刑事诉讼案件的判决和裁定生效后，被剥夺人身自由的罪犯会被依法移送监狱或者其他执行机关执行刑罚。对被判处有期徒刑的罪犯，在被交付执行刑罚前，剩余刑期在3个月以下的，由看守所代为执行。上述两种人员都属于本条所称的被羁押的服刑人员。

3. 强制隔离戒毒人员

强制隔离戒毒是指公安机关依法实施的，对通过社区戒毒难以戒除毒瘾的人员，在一定期限内，适度限制其人身自由以进行生理脱毒、心理矫治、适度劳动、身体康复和法律道德教育的一种行政强制措施。强制隔离戒毒人员即被采取上述强制措施的吸毒成瘾人员。《禁毒法》第38条规定："吸毒成瘾人员有下列情形之一的，由县级以上人民政府公安机关作出强制隔离戒毒的决定：（一）拒绝接受社区戒毒的；（二）在社区戒毒期间吸食、注射毒品的；（三）严重违反社区戒毒协议的；（四）经社区戒毒、强制隔离戒毒后再次吸食、注射毒品的。对于吸毒成瘾严重，通过社区戒毒难以戒除毒瘾的人员，公安机关可以直接作出强制隔离戒毒的决定。吸毒成瘾人员自愿接受强制隔离戒毒的，经公安机关同意，可以进入强制隔离戒毒场所戒毒。"

▶**条文参见**

《民法典》第19-24、27-39、1045条；《禁毒法》第38条；《刑事诉讼法》第108条

第四十一条 经济困难状况如实说明及核查

因经济困难申请法律援助的，申请人应当如实说明经济困难状况。

法律援助机构核查申请人的经济困难状况，可以通过信息共享查询，或者由申请人进行个人诚信承诺。

法律援助机构开展核查工作，有关部门、单位、村民委员会、居民委员会和个人应当予以配合。

▶**条文参见**

《法律援助条例》第18条；《办理法律援助案件程序规定》第9、10、15条

第四十二条 免予核查经济困难状况情形

法律援助申请人有材料证明属于下列人员之一的，免予核查经济困难状况：

（一）无固定生活来源的未成年人、老年人、残疾人等特定群体；

（二）社会救助、司法救助或者优抚对象；

（三）申请支付劳动报酬或者请求工伤事故人身损害赔偿的进城务工人员；

（四）法律、法规、规章规定的其他人员。

▶理解与适用

［无固定生活来源的未成年人、老年人、残疾人等特定群体］

以上群体主要是指城市“三无”人员和农村“五保”供养人员等城乡特困人员，包括经县级民政部门或者乡镇人民政府、街道办事处审核确认，符合无劳动能力、无生活来源且无法定赡养、抚养、扶养义务人，或者其法定赡养、抚养、扶养义务人无赡养、抚养、扶养能力的未成年人、老年人、残疾人。

［社会救助、司法救助或者优抚对象］

社会救助对象主要包括：最低生活保障家庭；特困人员；受灾人员；临时遇困家庭或者人员；支出型贫困家庭；生活无着的流浪乞讨人员；需要急救，但身份不明或者无力支付费用的人员；低收入家庭；省、自治区、直辖市人民政府确定的其他特殊困难家庭或者人员。

国家司法救助对象包括：(1) 刑事案件被害人受到犯罪侵害，致使重伤或严重残疾，因案件无法侦破造成生活困难的；或者因加害人死亡或没有赔偿能力，无法经过诉讼获得赔偿，造成生活困难的。(2) 刑事案件被害人受到犯罪侵害危及生命，急需救治，无力承担医疗救治费用的。(3) 刑事案件被害人受到犯罪侵害而死亡，因案件无法侦破造成依靠其收入为主要生活来源的近亲属生活困难的；或者因加害人死亡或没有赔偿能力，依靠被害人收入为主要生活来源的近亲属无法经过诉讼获得赔偿，造成生活困难的。(4) 刑事案件被害人受到犯罪侵害，致使财产遭受重大损失，因案件无法侦破造成生活困难的；或者因加害人死亡或没有赔偿能力，无法经过诉讼获得赔偿，造成生活困难的。(5) 举报人、证人、鉴定人因举报、作证、鉴定受到打击报复，致使人身受到伤害或财产受到重大损失，无法经过诉讼获得赔偿，造成生活困难的。(6) 追索赡养费、扶养费、抚育费等，因被执行人没有履行能力，造成申请执行人生活困难的。(7) 对于道路交通事故等民事侵权行为造成人身伤害，无法经过诉讼获得赔偿，造成生活困难的。(8) 党委政法委和政法各单位根据实际情况，认为需要救助的其他人员。

申请国家司法救助人员，具有以下情形之一的，一般不予救助：对案件发生有重大过错的；无正当理由，拒绝配合查明犯罪事实的；故意作虚伪陈述或者伪造证据，妨害刑事诉讼的；在诉讼中主动放弃民事赔偿请求或拒绝加害责任人及其近亲属赔偿的；生活困难非案件原因所导致的；通过社会救助措施，已经得到合理补偿、救助的。对社会组织、法人，不予救助。

社会优抚是指国家和社会依照法律法规给予对国家和社会作出牺牲或者特殊贡献者及其家属的物质帮助、优待照顾、精神褒扬，包括各种优待、抚恤、补助、援助、养老、就业安置、褒扬革命烈士等。社会优抚的对象主要包括：现役军人、伤残军人、退役军人、国家机关伤残人员、革命烈士家属、因公牺牲军人家属、病故军人家属、现役军人家属。

[申请支付劳动报酬或者请求工伤事故人身损害赔偿的进城务工人员]

进城务工人员一般也被称为农民工，是指户籍地在农村，进入城区务工，在当地或者异地从事非农业产业劳动6个月及以上，常住地在城区，以非农业收入为主要收入的劳动者。

[法律、法规、规章规定的其他人员]

(1) 依据《刑事诉讼法》和本法第25条规定指派辩护人的，即刑事案件的犯罪嫌疑人、被告人属于下列人员之一，没有委托辩护人的，人民法院、人民检察院、公安机关应当通知法律援助机构指派律师担任辩护人：未成年人；视力、听力、言语残疾人；不能完全辨认自己行为的成年人；可能被判处无期徒刑、死刑的人；申请法律援助的死刑复核案件被告人；缺席审判案件的被告人；法律法规规定的其他人员。其他适用普通程序审理的刑事案件，被告人没有委托辩护人的，人民法院可以通知法律援助机构指派律师担任辩护人。

(2) 依据《刑事诉讼法》和本法第28条规定指派诉讼代理律师的，即强制医疗案件的被申请人或者被告人没有委托诉讼代理人的，人民法院应当通知法律援助机构指派律师为其提供法律援助。

(3) 依据本法第32条规定，当事人申请法律援助的，不受经济困难条件限制的，包括以下情形：英雄烈士近亲属为维护英雄烈士的人格权益；因见义勇为行为主张相关民事权益；再审改判无罪请求国家赔偿；遭受虐待、遗弃或者家庭暴力的受害人主张相关权益；法律、法规、规章规定的其他情形。

▶条文参见

《法律援助条例》第12条；《办理法律援助案件程序规定》第10条；《社会救助暂行办法》；《关于建立完善国家司法救助制度的意见（试行）》；《保障农民工工资支付条例》第45条第1款；《刑事诉讼法》

第四十三条 法律援助申请处理

法律援助机构应当自收到法律援助申请之日起七日内进行审查，作出是否给予法律援助的决定。决定给予法律援助的，应当自作出决定之日起三日内指派法律援助人员为受援人提供法律援助；决定不给予法律援助的，应当书面告知申请人，并说明理由。

申请人提交的申请材料不齐全的，法律援助机构应当一次性告知申请人需要补充的材料或者要求申请人作出说明。申请人未按要求补充材料或者作出说明的，视为撤回申请。

▶理解与适用

1. 申请人所提交的证件和证明材料齐全，法律援助机构认为符合法律援助条件的，应当在7日内及时决定提供法律援助。

2. 根据申请人所提交的证件和证明材料，法律援助机构认为不符合法律援助条件的，决定不给予法律援助的，应当在收到申请材料后7日内书面告知申请人不提供帮助的理由。

3. 认为提交的证件和证明材料不齐全的，法律援助机构应当一次性告知申请人需要补充的必要材料或者要求申请人作出必要的说明。

4. 认为提交的证件和证明材料需要查证的，由法律援助机构向有关机关、单位和个人调查核实。

▶条文参见

《法律援助条例》第18条；《办理法律援助案件程序规定》第13条

第四十四条 先行提供法律援助

法律援助机构收到法律援助申请后，发现有下列情形之一的，可以决定先行提供法律援助：

（一）距法定时效或者期限届满不足七日，需要及时提起诉讼或者申请仲裁、行政复议；

（二）需要立即申请财产保全、证据保全或者先予执行；

（三）法律、法规、规章规定的其他情形。

法律援助机构先行提供法律援助的，受援人应当及时补办有关手续，补充有关材料。

▶理解与适用

[法定时效或者法定期限即将届满]

此处的法定时效或者法定期限，是指法律规定的当事人在权利遭受侵害时能够提起诉讼或者申请仲裁、行政复议，请求获得法律保护的期限。法定期限内，当事人有权依法获得救济；期限届满后，未起诉、申请仲裁、行政复议的当事人，法律对其相关实体权利不再予以救济。

(1)《刑法》规定，刑事犯罪追诉时效期限：法定最高刑为不满5年有期徒刑的，经过5年；法定最高刑为5年以上不满10年有期徒刑的，经过10年；法定最高刑为10年以上有期徒刑的，经过15年；法定最高刑为无期徒刑、死刑的，经过20年。如果20年以后认为必须追诉的，须报请最高人民检察院核准。追诉期限从犯罪之日起计算；犯罪行为有连续或者继续状态的，从犯罪行为终了之日起计算。在追诉期限以内又犯罪的，前罪追诉的期限从犯后罪之日起计算。犯罪超过上述期限将不再追诉。

(2)《民法典》规定，向人民法院请求保护民事权利的诉讼时效期间为3年。法律另有规定的，依照其规定。诉讼时效期间自权利人知道或者应当知道权利受到损害以及义务人之日起计算。法律另有规定的，依照其规定。但是，自权利受到损害之日起超过20年的，人民法院不予保护，有特殊情况的，人民法院可以根据权利人的申请决定延长。当事人约定同一债务分期履行的，诉讼时效期间自最后一期履行期限届满之日起计算。无民事行为能力人或者限制民事行为能力人对其法定代理人的请求权的诉讼时效期间，自该法定代理终止之日起计算。未成年人遭受性侵害的损害赔偿请求权的诉讼时效期间，自受害人年满18周岁之日起计算。诉讼时效期间届满的，义务人可以提出不履行义务的抗辩。诉讼时效期间届满后，义务人同意履行的，不得以诉讼时效期间届满为由抗辩；义务人已经自愿履行的，不得请求返还。

(3)《行政诉讼法》规定，公民、法人或者其他组织直接向人民法院提起诉讼的，应当自知道或者应当知道作出行政行为之日起6个月内提出。法律另有规定的除外。因不动产提起诉讼的案件自行政行为作出之日起超过20年，其他案件自行政行为作出之日起超过5年提起诉讼的，人民法院不予受理。

(4)《民法典》规定，法律对仲裁时效有规定的，依照其规定；没有规定的，适用诉讼时效的规定，一般是3年。《劳动争议调解仲裁法》规定，劳动争议申请仲裁的时效期间为1年。仲裁时效期间从当事人知道或者应当知道其权利被侵害之日起计算。劳动关系存续期间因拖欠劳动报酬发生争议的，劳动者申请仲裁不受《劳动争议调解仲裁法》第27条第1款规定的仲裁时效期间的限制；但是，劳动关系终止的，应当自劳动关系终止之日起1年内提出。

(5)《行政复议法》规定，公民、法人或者其他组织认为具体行政行为侵犯其合法权益的，可以自知道该具体行政行为之日起60日内提出行政复议申请；但是法律规定的申请期限超过60日的除外。因不可抗力或者其他正当理由耽误法定申请期限的，申请期限自障碍消除之日起继续计算。

［财产保全、证据保全或者先予执行］

（1）关于财产保全，根据《民事诉讼法》的规定，人民法院对于可能因当事人一方的行为或者其他原因，使判决难以执行或者造成当事人其他损害的案件，根据对方当事人的申请，可以裁定对其财产进行保全。利害关系人因情况紧急，不立即申请保全将会使其合法权益受到难以弥补的损害的，可以在提起诉讼或者申请仲裁前向被保全财产所在地、被申请人住所地或者对案件有管辖权的人民法院申请采取保全措施。保全限于请求的范围，或者与本案有关的财物。财产保全采取查封、扣押、冻结或者法律规定的其他方法。

（2）关于证据保全，根据《民事诉讼法》的规定，在证据可能灭失或者以后难以取得的情况下，当事人可以在诉讼过程中向人民法院申请保全证据，人民法院也可以主动采取保全措施。因情况紧急，在证据可能灭失或者以后难以取得的情况下，利害关系人可以在提起诉讼或者申请仲裁前向证据所在地、被申请人住所地或者对案件有管辖权的人民法院申请保全证据。

（3）先予执行，是指人民法院在受理案件后、终审判决作出之前，根据一方当事人的申请，裁定对方当事人向申请一方当事人给付一定数额的金钱或其他财物，或者实施或停止某种行为，并立即付诸执行的一种程序。根据《民事诉讼法》的规定，先予执行适用的案件范围包括：追索赡养费、扶养费、抚养费、抚恤金、医疗费用的；追索劳动报酬的；因情况紧急需要先予执行的。适用先予执行，还要求：当事人之间权利义务关系明确，不先予执行将严重影响申请人的生活或者生产经营的；被申请人有履行能力。

▶条文参见

《刑法》第 87-89 条；《民法典》第 188-199 条；《行政诉讼法》第 46 条；《行政复议法》第 9 条；《劳动争议调解仲裁法》第 27 条；《民事诉讼法》第 84、103-111 条

第四十五条 特定群体法律援助服务

法律援助机构为老年人、残疾人提供法律援助服务的，应当根据实际情况提供无障碍设施设备和服务。

法律法规对向特定群体提供法律援助有其他特别规定的，依照其规定。

▶理解与适用

根据实际情况提供无障碍设施设备和服务是指：第一，提供方便残疾人、老年人通行和使用的无障碍设施设备。例如，出入口、地面、电梯、扶手、厕位、房门、柜台等应当方便残疾人、老年人及其轮椅通行和使用。第二，提供无障碍信息传播与交流。法律援助机构应当创造条件为残疾人、老年人提供语音和文字提示、手语、盲文等信息交流服务，并对工作人员进行无障碍服务技能培训。第三，提供无障碍政务服务。

▶条文参见

《老年人权益保障法》第64条；《未成年人保护法》；《残疾人保障法》第53条；《妇女权益保障法》；《保障农民工工资支付条例》

第四十六条　法律援助人员义务

法律援助人员接受指派后，无正当理由不得拒绝、拖延或者终止提供法律援助服务。

法律援助人员应当按照规定向受援人通报法律援助事项办理情况，不得损害受援人合法权益。

▶理解与适用

具体办理法律援助的人员主要有四类，即律师、基层法律服务工作者、法律援助志愿者以及法律援助机构内具有律师资格或者法律职业资格的工作人员。根据《律师执业管理办法》的规定，律师应当按照国家规定履行法律援助义务，为受援人提供符合标准的法律服务，维护受援人的合法权益，不得拖延、懈怠履行或者擅自停止履行法律援助职责，或者未经律师事务所、法律援助机构同意，擅自将法律援助案件转交其他人员办理。

▶条文参见

《律师执业管理办法》第45条；《律师法》第47条；《律师协会会员违规行为处分规则（试行）》第22条；《基层法律服务工作者管理办法》

第四十七条　受援人的如实陈述及配合义务

受援人应当向法律援助人员如实陈述与法律援助事项有关的情况，及时提供证据材料，协助、配合办理法律援助事项。

▶理解与适用

需要注意的是，法律援助人员对于提供法律援助服务过程中知悉的受援人不愿泄露的有关情况和信息负有保密的义务。

▶条文参见

《律师法》第3、32条

第四十八条　法律援助终止情形

有下列情形之一的，法律援助机构应当作出终止法律援助的决定：

（一）受援人以欺骗或者其他不正当手段获得法律援助；

（二）受援人故意隐瞒与案件有关的重要事实或者提供虚假证据；

（三）受援人利用法律援助从事违法活动；

（四）受援人的经济状况发生变化，不再符合法律援助条件；

（五）案件终止审理或者已经被撤销；

（六）受援人自行委托律师或者其他代理人；

（七）受援人有正当理由要求终止法律援助；

（八）法律法规规定的其他情形。

法律援助人员发现有前款规定情形的，应当及时向法律援助机构报告。

▶理解与适用

无论出现本条规定的哪一种情形，法律援助机构都应当作出终止法律援助的决定。

1. 受援人以欺骗或者其他不正当手段获得法律援助。这一般是指：法律援助申请人在依照本法第 41 条对其家庭经济困难状况进行说明时，虚构其家庭经济困难情形，或者隐瞒其与其他家庭成员的可支配收入、财产或者家庭主要支出的情况，或者伪造法律援助申请所需要的身份证明文件，或者伪造本法第 42 条规定的免予核查经济困难状况相关人员证明材料的，或者贿赂法律援助机构工作人员，请托“人情”，或者使用其他不正当手段以获得法律援助的，等等。

2. 受援人故意隐瞒与案件有关的重要事实或者提供虚假证据。根据本法第 47 条的规定，受援人应当向法律援助人员如实陈述与法律援助事项有关的情况，及时提供证据材料，协助、配合办理法律援助事项。

3. 受援人利用法律援助从事违法活动。例如，受援人要求法律援助人员帮其毁灭、伪造证据，或者为其联络串供，或者威胁引诱证人改变证言作伪证，或者要求法律援助人员帮其贿赂有关办案人员或者其他人员企图影响办案公正，或者利用法律援助人员提供法律服务从事其他违法活动。

4. 受援人的经济状况发生变化，不再符合法律援助条件。例如，受援人在受援期间继承了一笔遗产，或者抽中一份大奖，或者家庭经济收入明显增加而不再符合经济困难标准的，法律援助机构应当停止向其提供法律援助。当然，对于提供法律援助不要求经济困难条件的，在案件终结之前，一般不能终止该项法律援助。

5. 案件终止审理或者已经被撤销。案件终止审理一般是指案件在审理过程中，由于法定特殊事由的出现而使案件继续审理已不可能或已无必要，由人民法院裁定终结案件的审理。例如：人民法院在审理过程中发现案件已经因特赦令免除刑罚的，或者依照《刑法》告诉才处理的犯罪，没有告诉或者撤回告诉的，或者犯罪嫌疑人、被告人死亡的，一般应当裁定终止审理。

6. 受援人自行委托律师或者其他代理人。

7. 受援人有正当理由要求终止法律援助。

8. 法律法规规定的其他情形。

▶条文参见

《法律援助条例》第23条；《办理法律援助案件程序规定》第33条

第四十九条 对不予法律援助、终止法律援助决定异议的提出

申请人、受援人对法律援助机构不予法律援助、终止法律援助的决定有异议的，可以向设立该法律援助机构的司法行政部门提出。

司法行政部门应当自收到异议之日起五日内进行审查，作出维持法律援助机构决定或者责令法律援助机构改正的决定。

申请人、受援人对司法行政部门维持法律援助机构决定不服的，可以依法申请行政复议或者提起行政诉讼。

▶理解与适用

1. 对不予法律援助、终止法律援助的决定提出异议

司法行政部门作为法律援助工作的主管部门，有权对其设立的法律援助机构进行指导和监督，申请人、受援人应当向直接设立该机构的司法行政部门提出异议。

2. 申请行政复议

《行政复议法》第9条规定，公民、法人或者其他组织认为具体行政行为侵犯其合法权益的，可以自知道该具体行政行为之日起60日内提出行政复议申请；但是法律规定的申请期限超过60日的除外。第10条规定，依照《行政复议法》申请行政复议的公民、法人或者其他组织是申请人。公民、法人或者其他组织对行政机关的具体行政行为不服申请行政复议的，作出具体行政行为的行政机关是被申请人。第11条规定，申请人申请行政复议，可以书面申请，也可以口头申请；口头申请的，行政复议机关应当当场记录申请人的基本情况、行政复议请求、申请行政复议的主要事实、理由和时间。第12条规定，对县级以上地方各级人民政府工作部门的具体行政行为不服的，由申请人选择，可以向该部门的本级人民政府申请行政复议，也可以向上一级主管部门申请行政复议。

根据以上规定，当事人对司法行政部门作出的维持法律援助机

构决定不服的，既可以向该司法行政部门的本级人民政府申请行政复议，也可以向其上一级主管部门申请行政复议。

3. 提起行政诉讼

《行政诉讼法》第2条规定，公民、法人或者其他组织认为行政机关和行政机关工作人员的行政行为侵犯其合法权益，有权依照该法向人民法院提起诉讼。《行政复议法》第5条规定，公民、法人或者其他组织对行政复议决定不服的，可以依照行政诉讼法的规定向人民法院提起行政诉讼，但是法律规定行政复议决定为最终裁决的除外。

因此，当事人对司法行政部门维持法律援助机构决定不服的，可以依法提起行政诉讼。同时，此类案件中，行政复议不是提起行政诉讼的前置程序，当事人可以选择不申请行政复议，直接提起行政诉讼。

▶条文参见

《法律援助条例》第9条；《行政诉讼法》第2、44条；《行政复议法》第5、9-12条

第五十条　法律援助事项报告及材料提交

法律援助事项办理结束后，法律援助人员应当及时向法律援助机构报告，提交有关法律文书的副本或者复印件、办理情况报告等材料。

▶条文参见

《办理法律援助案件程序规定》第34条；《法律援助条例》第24条

第五章　保障和监督

第五十一条　法律援助信息共享和工作协同

国家加强法律援助信息化建设，促进司法行政部门与司法机关及其他有关部门实现信息共享和工作协同。

第五十二条　法律援助补贴

法律援助机构应当依照有关规定及时向法律援助人员支付法律援助补贴。

法律援助补贴的标准，由省、自治区、直辖市人民政府司法行政部门会同同级财政部门，根据当地经济发展水平和法律援助的服务类型、承办成本、基本劳务费用等确定，并实行动态调整。

法律援助补贴免征增值税和个人所得税。

▶理解与适用

法律援助补贴是指法律援助机构按照规定支付给律师、基层法律服务工作者、法律援助志愿者等法律援助事项承办人员的费用。

▶条文参见

《法律援助条例》第24条；《关于完善法律援助补贴标准的指导意见》

第五十三条　对受援人和法律援助人员费用减免

人民法院应当根据情况对受援人缓收、减收或者免收诉讼费用；对法律援助人员复制相关材料等费用予以免收或者减收。

公证机构、司法鉴定机构应当对受援人减收或者免收公证费、鉴定费。

▶条文参见

《关于依法保障律师执业权利的规定》第14条；《关于民事诉讼法律援助工作的规定》第10条；《关于刑事诉讼法律援助工作的规定》第20条

第五十四条　法律援助人员培训制度

县级以上人民政府司法行政部门应当有计划地对法律援助人员进行培训，提高法律援助人员的专业素质和服务能力。

▶条文参见

《法律援助条例》第 5 条

第五十五条 受援人知情权、投诉权及请求变更权

受援人有权向法律援助机构、法律援助人员了解法律援助事项办理情况；法律援助机构、法律援助人员未依法履行职责的，受援人可以向司法行政部门投诉，并可以请求法律援助机构更换法律援助人员。

▶理解与适用

［受援人的知情权］

受援人有权要求法律援助机构、法律援助人员向自己报告事项处理的进展情况、存在的问题和应对的措施等，以便受援人及时了解事项的状况，并根据最新情况及时调整相关决定。

［受援人的投诉权］

法律援助机构、法律援助人员未依法履行职责，受援人有权向司法行政部门投诉。“未依法履行职责”既包括没有尽到应尽的职责，也包括有违反法律规定的行为。根据《法律援助投诉处理办法》，可以向司法行政部门投诉的情形包括：违反规定办理法律援助受理、审查事项，或者违反规定指派、安排法律援助人员的；法律援助人员接受指派或安排后，懈怠履行或者擅自停止履行法律援助职责的；办理法律援助案件收取财物的；其他违反法律援助管理规定的行为。

▶条文参见

本法第 12、19-21、46 条；《法律援助投诉处理办法》

第五十六条 法律援助工作投诉查处制度

司法行政部门应当建立法律援助工作投诉查处制度；接到投诉后，应当依照有关规定受理和调查处理，并及时向投诉人告知处理结果。

▶理解与适用

司法行政机关受理投诉后，一般应当在45日内办结；投诉事项复杂的，经本机关负责人批准，可以适当延长办理期限。延长办理期限的，应当书面告知投诉人并说明理由。司法行政机关应当自作出处理决定之日起5个工作日内，向投诉人发送《法律援助投诉处理答复书》。投诉人对司法行政机关投诉处理答复不服的，可以依法申请行政复议或提起行政诉讼。

▶条文参见

《基层法律服务工作者管理办法》第50条；《法律援助投诉处理办法》第15-17条

第五十七条　法律援助服务的监督、服务质量标准和质量考核

司法行政部门应当加强对法律援助服务的监督，制定法律援助服务质量标准，通过第三方评估等方式定期进行质量考核。

▶理解与适用

不同形式的法律援助服务的具体要求和标准不一样，比如，《全国刑事法律援助服务规范》规定了刑事法律援助承办律师不得损害受援人的合法权益，应当确保每个诉讼阶段至少会见受援人一次，应当参加庭审，发表辩护意见并提交书面辩护意见。再比如，《全国民事行政法律援助服务规范》规定，对于信函方式咨询，承办人员应在7个工作日内作出处理决定；对于网络方式咨询，留言咨询问题应在24小时内进行解答，对于在线即时咨询问题，应在5小时内进行解答。疑难复杂的法律问题难以当时答复的，可约期办理。

▶条文参见

《法律援助条例》第6、26条

第五十八条 法律援助信息公开制度

司法行政部门、法律援助机构应当建立法律援助信息公开制度，定期向社会公布法律援助资金使用、案件办理、质量考核结果等情况，接受社会监督。

▶条文参见

《基层法律服务所管理办法》第24条

第五十九条 法律援助服务质量监督

法律援助机构应当综合运用庭审旁听、案卷检查、征询司法机关意见和回访受援人等措施，督促法律援助人员提升服务质量。

▶理解与适用

回访受援人的内容具体有：法律援助人员服务态度，法律援助人员业务水平，法律援助服务质量，法律援助人员在提供法律援助服务过程中有无收受财物或者接受吃请的现象，对于法律援助工作的意见和建议等。

▶条文参见

《办理法律援助案件程序规定》第29、33条

第六十条 律师事务所、律师履行法律援助义务年度考核

律师协会应当将律师事务所、律师履行法律援助义务的情况纳入年度考核内容，对拒不履行或者怠于履行法律援助义务的律师事务所、律师，依照有关规定进行惩戒。

▶条文参见

《律师事务所年度检查考核办法》第16条

第六章　法律责任

第六十一条　法律援助机构及其工作人员法律责任

法律援助机构及其工作人员有下列情形之一的，由设立该法律援助机构的司法行政部门责令限期改正；有违法所得的，责令退还或者没收违法所得；对直接负责的主管人员和其他直接责任人员，依法给予处分：

（一）拒绝为符合法律援助条件的人员提供法律援助，或者故意为不符合法律援助条件的人员提供法律援助；

（二）指派不符合本法规定的人员提供法律援助；

（三）收取受援人财物；

（四）从事有偿法律服务；

（五）侵占、私分、挪用法律援助经费；

（六）泄露法律援助过程中知悉的国家秘密、商业秘密和个人隐私；

（七）法律法规规定的其他情形。

▶理解与适用

[责令限期改正]

责令限期改正的主体是设立该法律援助机构的司法行政部门，即由司法行政部门责令有违法行为的法律援助机构及其工作人员在规定的期限内，对相应的违法行为进行整改。

[有违法所得的，责令退还或者没收违法所得]

违法所得是指法律援助机构及其工作人员因从事本条规定的违法行为所得到的不正当利益。司法行政机关应当依法责令其退还或者进行没收。实施上述行政处罚的前提是有违法所得，没有违法所得的就不必给予上述行政处罚。

[依法给予处分]

处分，是指国家机关、企事业单位依法对隶属于它的犯有轻微违法行为的人员的一种制裁性处理。依照《公务员法》，法律、法规授权的具有公共事务管理职能的事业单位中除工勤人员以外的工作人员，经批准参照该法进行管理。处分分为警告、记过、记大过、降级、撤职和开除6种。对直接负责的主管人员和其他直接责任人员具体给予哪种处分，则根据违法行为人违法行为的情节，按照干部管理权限，由有关机关决定。

▶条文参见

本法第13、20、21、26、43、44条；《法律援助条例》第26条

第六十二条 律师事务所、基层法律服务所法律责任

律师事务所、基层法律服务所有下列情形之一的，由司法行政部门依法给予处罚：

（一）无正当理由拒绝接受法律援助机构指派；

（二）接受指派后，不及时安排本所律师、基层法律服务工作者办理法律援助事项或者拒绝为本所律师、基层法律服务工作者办理法律援助事项提供支持和保障；

（三）纵容或者放任本所律师、基层法律服务工作者怠于履行法律援助义务或者擅自终止提供法律援助；

（四）法律法规规定的其他情形。

▶理解与适用

[律师事务所的法律责任]

《律师法》第50条规定，律师事务所拒绝履行法律援助义务的，由设区的市级或者直辖市的区人民政府司法行政部门视其情节给予警告、停业整顿1个月以上6个月以下的处罚，可以处10万元以下的罚款；有违法所得的，没收违法所得；情节特别严重的，由省、自治区、直辖市人民政府司法行政部门吊销律师事务所执业证书。

[基层法律服务所的法律责任]

依据《基层法律服务所管理办法》，基层法律服务所有法律、法规、规章规定应予处罚的其他行为，由所在地县级司法行政机关或者直辖市的区（县）司法行政机关予以警告；有违法所得的，依照法律、法规的规定没收违法所得，并由设区的市级或者直辖市的区

（县）司法行政机关处以违法所得3倍以下的罚款，罚款数额最高为3万元。司法行政机关在对基层法律服务所实施行政处罚的同时，应当责令其限期整改。期满后仍不能改正，不宜继续执业的，由设区的市级或者直辖市的区（县）司法行政机关予以注销。

▶条文参见

《法律援助条例》第27条

第六十三条 律师、基层法律服务工作者责任

律师、基层法律服务工作者有下列情形之一的，由司法行政部门依法给予处罚：

（一）无正当理由拒绝履行法律援助义务或者怠于履行法律援助义务；

（二）擅自终止提供法律援助；

（三）收取受援人财物；

（四）泄露法律援助过程中知悉的国家秘密、商业秘密和个人隐私；

（五）法律法规规定的其他情形。

▶理解与适用

下列情况一般可视为具有正当理由：因疾病而无法参加诉讼活动的；已在同一案件中为一方当事人或者有利害关系的第三人代理或辩护的；不具有办理援助案件所需要的知识和经验的。

［律师的法律责任］

《律师法》第47条规定，律师拒绝履行法律援助义务的，由设区的市级或者直辖市的区人民政府司法行政部门给予警告，可以处5千元以下的罚款；有违法所得的，没收违法所得；情节严重的，给予停止执业3个月以下的处罚。第48条规定，私自接受委托、收取费用，接受委托人财物或者其他利益的，泄露商业秘密或者个人隐私的，由设区的市级或者直辖市的区人民政府司法行政部门给予警告，可以处1万元以下的罚款；有违法所得的，没收违法所得；情节严重的，给予停止执业3个月以上6个月以下的处罚。第49条规

定，律师泄露国家秘密的，由设区的市级或者直辖市的区人民政府司法行政部门给予停止执业6个月以上1年以下的处罚，可以处5万元以下的罚款；有违法所得的，没收违法所得；情节严重的，由省、自治区、直辖市人民政府司法行政部门吊销其律师执业证书；构成犯罪的，依法追究刑事责任。

[基层法律服务工作者的法律责任]

《基层法律服务工作者管理办法》第46条规定，基层法律服务工作者无正当理由拒绝履行法律援助义务的，泄露在执业活动中知悉的国家秘密、商业秘密或者个人隐私的，私自接受委托承办法律事务，或者私自收取费用，或者向委托人索要额外报酬的，由所在地县级司法行政机关或者直辖市的区（县）司法行政机关予以警告；有违法所得的，依照法律、法规的规定没收违法所得，并由设区的市级或者直辖市的区（县）司法行政机关处以违法所得3倍以下的罚款，罚款数额最高为3万元。

▶条文参见

《法律援助条例》第28、29条

第六十四条 受援人法律责任

受援人以欺骗或者其他不正当手段获得法律援助的，由司法行政部门责令其支付已实施法律援助的费用，并处三千元以下罚款。

▶理解与适用

欺骗主要是指虚构、隐瞒事实真相，提供虚假申请材料等行为。其他不正当手段是指受援人不符合上述申请法律援助的条件，以其他非法手段获得法律援助的情形。

▶条文参见

本法第31条

第六十五条 冒用法律援助名义提供法律服务并谋利的法律责任

违反本法规定，冒用法律援助名义提供法律服务并谋取利益的，由司法行政部门责令改正，没收违法所得，并处违法所得一倍以上三倍以下罚款。

▶理解与适用

仅冒用法律援助名义提供法律援助服务，但没有谋取利益，不构成本条规定的违法行为。

第六十六条 国家机关及其工作人员渎职的责任

国家机关及其工作人员在法律援助工作中滥用职权、玩忽职守、徇私舞弊的，对直接负责的主管人员和其他直接责任人员，依法给予处分。

▶理解与适用

滥用职权是指国家机关工作人员超越职权，违法决定、处理其无权决定、处理的事项，或者违反规定处理公务的行为。

玩忽职守是指国家机关工作人员不负责任，不履行或者不认真履行职责的行为。

徇私舞弊是指国家机关工作人员为徇个人私情、私利，不秉公执法，置国家和人民利益于不顾的行为。

滥用职权、玩忽职守、徇私舞弊，三者只要满足其中之一即可。

▶条文参见

《法律援助条例》第30条

第六十七条 刑事责任

违反本法规定，构成犯罪的，依法追究刑事责任。

第七章　附　　则

第六十八条　群团组织开展法律援助的法律适用

工会、共产主义青年团、妇女联合会、残疾人联合会等群团组织开展法律援助工作，参照适用本法的相关规定。

▶条文参见

《残疾人就业条例》第 24 条

第六十九条　对外国人和无国籍人提供法律援助的法律适用

对外国人和无国籍人提供法律援助，我国法律有规定的，适用法律规定；我国法律没有规定的，可以根据我国缔结或者参加的国际条约，或者按照互惠原则，参照适用本法的相关规定。

▶理解与适用

根据《最高人民法院关于适用〈中华人民共和国刑事诉讼法〉的解释》的规定，外国籍被告人没有委托辩护人的，人民法院可以通知法律援助机构为其指派律师提供辩护。被告人拒绝辩护人辩护的，应当由其出具书面声明，或者将其口头声明记录在案；必要时，应当录音录像。被告人属于应当提供法律援助情形的，依照该解释的有关规定处理。

在民事、行政领域，给予外国人、无国籍人获得法律援助的权利，应当体现平等互惠，而不应是我国单方面的义务。在我国法律没有规定的情况下，除了根据我国缔结或者参加的国际条约，还可以按照互惠原则，参照适用本法相关规定处理。

▶条文参见

《刑事诉讼法》第 18 条

第七十条 对军人军属提供法律援助办法的制定

对军人军属提供法律援助的具体办法，由国务院和中央军事委员会有关部门制定。

第七十一条 施行日期

本法自 2022 年 1 月 1 日起施行。

中华人民共和国刑事诉讼法（节录）

（1979年7月1日第五届全国人民代表大会第二次会议通过　根据1996年3月17日第八届全国人民代表大会第四次会议《关于修改〈中华人民共和国刑事诉讼法〉的决定》第一次修正　根据2012年3月14日第十一届全国人民代表大会第五次会议《关于修改〈中华人民共和国刑事诉讼法〉的决定》第二次修正　根据2018年10月26日第十三届全国人民代表大会常务委员会第六次会议《关于修改〈中华人民共和国刑事诉讼法〉的决定》第三次修正）

……

第三十五条　犯罪嫌疑人、被告人因经济困难或者其他原因没有委托辩护人的，本人及其近亲属可以向法律援助机构提出申请。对符合法律援助条件的，法律援助机构应当指派律师为其提供辩护。

犯罪嫌疑人、被告人是盲、聋、哑人，或者是尚未完全丧失辨认或者控制自己行为能力的精神病人，没有委托辩护人的，人民法院、人民检察院和公安机关应当通知法律援助机构指派律师为其提供辩护。

犯罪嫌疑人、被告人可能被判处无期徒刑、死刑，没有委托辩护人的，人民法院、人民检察院和公安机关应当通知法律援助机构指派律师为其提供辩护。

第三十六条　法律援助机构可以在人民法院、看守所等场所派驻值班律师。犯罪嫌疑人、被告人没有委托辩护人，法律援助机构没有指派律师为其提供辩护的，由值班律师为犯罪嫌疑人、被告人提供法律咨询、程序选择建议、申请变更强制措施、对案件处理提出意见等法律帮助。

人民法院、人民检察院、看守所应当告知犯罪嫌疑人、被告人有权约见值班律师，并为犯罪嫌疑人、被告人约见值班律师提供便利。

第三十七条 辩护人的责任是根据事实和法律，提出犯罪嫌疑人、被告人无罪、罪轻或者减轻、免除其刑事责任的材料和意见，维护犯罪嫌疑人、被告人的诉讼权利和其他合法权益。

第三十八条 辩护律师在侦查期间可以为犯罪嫌疑人提供法律帮助；代理申诉、控告；申请变更强制措施；向侦查机关了解犯罪嫌疑人涉嫌的罪名和案件有关情况，提出意见。

第三十九条 辩护律师可以同在押的犯罪嫌疑人、被告人会见和通信。其他辩护人经人民法院、人民检察院许可，也可以同在押的犯罪嫌疑人、被告人会见和通信。

辩护律师持律师执业证书、律师事务所证明和委托书或者法律援助公函要求会见在押的犯罪嫌疑人、被告人的，看守所应当及时安排会见，至迟不得超过四十八小时。

危害国家安全犯罪、恐怖活动犯罪案件，在侦查期间辩护律师会见在押的犯罪嫌疑人，应当经侦查机关许可。上述案件，侦查机关应当事先通知看守所。

辩护律师会见在押的犯罪嫌疑人、被告人，可以了解案件有关情况，提供法律咨询等；自案件移送审查起诉之日起，可以向犯罪嫌疑人、被告人核实有关证据。辩护律师会见犯罪嫌疑人、被告人时不被监听。

辩护律师同被监视居住的犯罪嫌疑人、被告人会见、通信，适用第一款、第三款、第四款的规定。

……

第二百七十八条 未成年犯罪嫌疑人、被告人没有委托辩护人的，人民法院、人民检察院、公安机关应当通知法律援助机构指派律师为其提供辩护。

……

第二百九十三条 人民法院缺席审判案件，被告人有权委托辩护人，被告人的近亲属可以代为委托辩护人。被告人及其近亲属没有委托辩护人的，人民法院应当通知法律援助机构指派律师为其提供辩护。

……

中华人民共和国律师法（节录）

（1996 年 5 月 15 日第八届全国人民代表大会常务委员会第十九次会议通过　根据 2001 年 12 月 29 日第九届全国人民代表大会常务委员会第二十五次会议《关于修改〈中华人民共和国律师法〉的决定》第一次修正　2007 年 10 月 28 日第十届全国人民代表大会常务委员会第三十次会议修订　根据 2012 年 10 月 26 日第十一届全国人民代表大会常务委员会第二十九次会议《关于修改〈中华人民共和国律师法〉的决定》第二次修正　根据 2017 年 9 月 1 日第十二届全国人民代表大会常务委员会第二十九次会议《关于修改〈中华人民共和国法官法〉等八部法律的决定》第三次修正）

……

第二十八条　律师可以从事下列业务：

（一）接受自然人、法人或者其他组织的委托，担任法律顾问；

（二）接受民事案件、行政案件当事人的委托，担任代理人，参加诉讼；

（三）接受刑事案件犯罪嫌疑人、被告人的委托或者依法接受法律援助机构的指派，担任辩护人，接受自诉案件自诉人、公诉案件被害人或者其近亲属的委托，担任代理人，参加诉讼；

（四）接受委托，代理各类诉讼案件的申诉；

（五）接受委托，参加调解、仲裁活动；

（六）接受委托，提供非诉讼法律服务；

（七）解答有关法律的询问、代写诉讼文书和有关法律事务的其他文书。

……

第三十三条 律师担任辩护人的，有权持律师执业证书、律师事务所证明和委托书或者法律援助公函，依照刑事诉讼法的规定会见在押或者被监视居住的犯罪嫌疑人、被告人。辩护律师会见犯罪嫌疑人、被告人时不被监听。

……

第四十二条 律师、律师事务所应当按照国家规定履行法律援助义务，为受援人提供符合标准的法律服务，维护受援人的合法权益。

……

第四十七条 律师有下列行为之一的，由设区的市级或者直辖市的区人民政府司法行政部门给予警告，可以处五千元以下的罚款；有违法所得的，没收违法所得；情节严重的，给予停止执业三个月以下的处罚：

（一）同时在两个以上律师事务所执业的；

（二）以不正当手段承揽业务的；

（三）在同一案件中为双方当事人担任代理人，或者代理与本人及其近亲属有利益冲突的法律事务的；

（四）从人民法院、人民检察院离任后二年内担任诉讼代理人或者辩护人的；

（五）拒绝履行法律援助义务的。

……

第五十条 律师事务所有下列行为之一的，由设区的市级或者直辖市的区人民政府司法行政部门视其情节给予警告、停业整顿一个月以上六个月以下的处罚，可以处十万元以下的罚款；有违法所得的，没收违法所得；情节特别严重的，由省、自治区、直辖市人民政府司法行政部门吊销律师事务所执业证书：

（一）违反规定接受委托、收取费用的；

（二）违反法定程序办理变更名称、负责人、章程、合伙协议、住所、合伙人等重大事项的；

（三）从事法律服务以外的经营活动的；

（四）以诋毁其他律师事务所、律师或者支付介绍费等不正当手段承揽业务的；

（五）违反规定接受有利益冲突的案件的；

（六）拒绝履行法律援助义务的；

（七）向司法行政部门提供虚假材料或者有其他弄虚作假行为的；

（八）对本所律师疏于管理，造成严重后果的。

律师事务所因前款违法行为受到处罚的，对其负责人视情节轻重，给予警告或者处二万元以下的罚款。

……

法律援助条例

（2003年7月16日国务院第15次常务会议通过　2003年7月21日中华人民共和国国务院令第385号公布　自2003年9月1日起施行）

第一章　总　　则

第一条　为了保障经济困难的公民获得必要的法律服务，促进和规范法律援助工作，制定本条例。

第二条　符合本条例规定的公民，可以依照本条例获得法律咨询、代理、刑事辩护等无偿法律服务。

第三条　法律援助是政府的责任，县级以上人民政府应当采取积极措施推动法律援助工作，为法律援助提供财政支持，保障法律援助事业与经济、社会协调发展。

法律援助经费应当专款专用，接受财政、审计部门的监督。

第四条　国务院司法行政部门监督管理全国的法律援助工作。县级以上地方各级人民政府司法行政部门监督管理本行政区域的法律援助工作。

中华全国律师协会和地方律师协会应当按照律师协会章程对依据本条例实施的法律援助工作予以协助。

第五条 直辖市、设区的市或者县级人民政府司法行政部门根据需要确定本行政区域的法律援助机构。

法律援助机构负责受理、审查法律援助申请，指派或者安排人员为符合本条例规定的公民提供法律援助。

第六条 律师应当依照律师法和本条例的规定履行法律援助义务，为受援人提供符合标准的法律服务，依法维护受援人的合法权益，接受律师协会和司法行政部门的监督。

第七条 国家鼓励社会对法律援助活动提供捐助。

第八条 国家支持和鼓励社会团体、事业单位等社会组织利用自身资源为经济困难的公民提供法律援助。

第九条 对在法律援助工作中作出突出贡献的组织和个人，有关的人民政府、司法行政部门应当给予表彰、奖励。

第二章　法律援助范围

第十条 公民对下列需要代理的事项，因经济困难没有委托代理人的，可以向法律援助机构申请法律援助：

（一）依法请求国家赔偿的；

（二）请求给予社会保险待遇或者最低生活保障待遇的；

（三）请求发给抚恤金、救济金的；

（四）请求给付赡养费、抚养费、扶养费的；

（五）请求支付劳动报酬的；

（六）主张因见义勇为行为产生的民事权益的。

省、自治区、直辖市人民政府可以对前款规定以外的法律援助事项作出补充规定。

公民可以就本条第一款、第二款规定的事项向法律援助机构申请法律咨询。

第十一条 刑事诉讼中有下列情形之一的，公民可以向法律援助机构申请法律援助：

（一）犯罪嫌疑人在被侦查机关第一次讯问后或者采取强制措施之日起，因经济困难没有聘请律师的；

（二）公诉案件中的被害人及其法定代理人或者近亲属，自案件移送审查起诉之日起，因经济困难没有委托诉讼代理人的；

（三）自诉案件的自诉人及其法定代理人，自案件被人民法院受理之日起，因经济困难没有委托诉讼代理人的。

第十二条 公诉人出庭公诉的案件，被告人因经济困难或者其他原因没有委托辩护人，人民法院为被告人指定辩护时，法律援助机构应当提供法律援助。

被告人是盲、聋、哑人或者未成年人而没有委托辩护人的，或者被告人可能被判处死刑而没有委托辩护人的，人民法院为被告人指定辩护时，法律援助机构应当提供法律援助，无须对被告人进行经济状况的审查。

第十三条 本条例所称公民经济困难的标准，由省、自治区、直辖市人民政府根据本行政区域经济发展状况和法律援助事业的需要规定。

申请人住所地的经济困难标准与受理申请的法律援助机构所在地的经济困难标准不一致的，按照受理申请的法律援助机构所在地的经济困难标准执行。

第三章 法律援助申请和审查

第十四条 公民就本条例第十条所列事项申请法律援助，应当按照下列规定提出：

（一）请求国家赔偿的，向赔偿义务机关所在地的法律援助机构提出申请；

（二）请求给予社会保险待遇、最低生活保障待遇或者请求发给抚恤金、救济金的，向提供社会保险待遇、最低生活保障待遇或者发给抚恤金、救济金的义务机关所在地的法律援助机构提出申请；

（三）请求给付赡养费、抚养费、扶养费的，向给付赡养费、抚养费、扶养费的义务人住所地的法律援助机构提出申请；

（四）请求支付劳动报酬的，向支付劳动报酬的义务人住所地的法律援助机构提出申请；

（五）主张因见义勇为行为产生的民事权益的，向被请求人住所地的法律援助机构提出申请。

第十五条 本条例第十一条所列人员申请法律援助的，应当向审理案件的人民法院所在地的法律援助机构提出申请。被羁押的犯罪嫌疑人的申请由看守所在24小时内转交法律援助机构，申请法律援助所需提交的有关证件、证明材料由看守所通知申请人的法定代理人或者近亲属协助提供。

第十六条 申请人为无民事行为能力人或者限制民事行为能力人的，由其法定代理人代为提出申请。

无民事行为能力人或者限制民事行为能力人与其法定代理人之间发生诉讼或者因其他利益纠纷需要法律援助的，由与该争议事项无利害关系的其他法定代理人代为提出申请。

第十七条 公民申请代理、刑事辩护的法律援助应当提交下列证件、证明材料：

（一）身份证或者其他有效的身份证明，代理申请人还应当提交有代理权的证明；

（二）经济困难的证明；

（三）与所申请法律援助事项有关的案件材料。

申请应当采用书面形式，填写申请表；以书面形式提出申请确有困难的，可以口头申请，由法律援助机构工作人员或者代为转交申请的有关机构工作人员作书面记录。

第十八条 法律援助机构收到法律援助申请后，应当进行审查；认为申请人提交的证件、证明材料不齐全的，可以要求申请人作出必要的补充或者说明，申请人未按要求作出补充或者说明的，视为撤销申请；认为申请人提交的证件、证明材料需要查证的，由法律援助机构向有关机关、单位查证。

对符合法律援助条件的，法律援助机构应当及时决定提供法律援助；对不符合法律援助条件的，应当书面告知申请人理由。

第十九条 申请人对法律援助机构作出的不符合法律援助条件的通知有异议的，可以向确定该法律援助机构的司法行政部门提出，司法行政部门应当在收到异议之日起5个工作日内进行审查，经审查认为申请人符合法律援助条件的，应当以书面形式责令法律援助机构及时对该申请人提供法律援助。

第四章 法律援助实施

第二十条 由人民法院指定辩护的案件，人民法院在开庭10日前将指定辩护通知书和起诉书副本或者判决书副本送交其所在地的法律援助机构；人民法院不在其所在地审判的，可以将指定辩护通知书和起诉书副本或者判决书副本送交审判地的法律援助机构。

第二十一条 法律援助机构可以指派律师事务所安排律师或者安排本机构的工作人员办理法律援助案件；也可以根据其他社会组织的要求，安排其所属人员办理法律援助案件。对人民法院指定辩护的案件，法律援助机构应当在开庭3日前将确定的承办人员名单回复作出指定的人民法院。

第二十二条 办理法律援助案件的人员，应当遵守职业道德和执业纪律，提供法律援助不得收取任何财物。

第二十三条 办理法律援助案件的人员遇有下列情形之一的，应当向法律援助机构报告，法律援助机构经审查核实的，应当终止该项法律援助：

（一）受援人的经济收入状况发生变化，不再符合法律援助条件的；

（二）案件终止审理或者已被撤销的；

（三）受援人又自行委托律师或者其他代理人的；

（四）受援人要求终止法律援助的。

第二十四条 受指派办理法律援助案件的律师或者接受安排办理法律援助案件的社会组织人员在案件结案时，应当向法律援助机构提交有关的法律文书副本或者复印件以及结案报告等材料。

法律援助机构收到前款规定的结案材料后，应当向受指派办理法律援助案件的律师或者接受安排办理法律援助案件的社会组织人员支付法律援助办案补贴。

法律援助办案补贴的标准由省、自治区、直辖市人民政府司法行政部门会同同级财政部门，根据当地经济发展水平，参考法律援助机构办理各类法律援助案件的平均成本等因素核定，并可以根据需要调整。

第二十五条 法律援助机构对公民申请的法律咨询服务，应当即时办理；复杂疑难的，可以预约择时办理。

第五章 法律责任

第二十六条 法律援助机构及其工作人员有下列情形之一的，对直接负责的主管人员以及其他直接责任人员依法给予纪律处分：

（一）为不符合法律援助条件的人员提供法律援助，或者拒绝为符合法律援助条件的人员提供法律援助的；

（二）办理法律援助案件收取财物的；

（三）从事有偿法律服务的；

（四）侵占、私分、挪用法律援助经费的。

办理法律援助案件收取的财物，由司法行政部门责令退还；从事有偿法律服务的违法所得，由司法行政部门予以没收；侵占、私分、挪用法律援助经费的，由司法行政部门责令追回，情节严重，构成犯罪的，依法追究刑事责任。

第二十七条 律师事务所拒绝法律援助机构的指派，不安排本所律师办理法律援助案件的，由司法行政部门给予警告、责令改正；情节严重的，给予1个月以上3个月以下停业整顿的处罚。

第二十八条 律师有下列情形之一的，由司法行政部门给予警告、责令改正；情节严重的，给予1个月以上3个月以下停止执业的处罚：

（一）无正当理由拒绝接受、擅自终止法律援助案件的；

（二）办理法律援助案件收取财物的。

有前款第（二）项违法行为的，由司法行政部门责令退还违法所得的财物，可以并处所收财物价值1倍以上3倍以下的罚款。

第二十九条 律师办理法律援助案件违反职业道德和执业纪律的，按照律师法的规定予以处罚。

第三十条 司法行政部门工作人员在法律援助的监督管理工作中，有滥用职权、玩忽职守行为的，依法给予行政处分；情节严重，构成犯罪的，依法追究刑事责任。

第六章 附 则

第三十一条 本条例自2003年9月1日起施行。

保障农民工工资支付条例

（2019年12月4日国务院第73次常务会议通过 2019年12月30日中华人民共和国国务院令第724号公布 自2020年5月1日起施行）

第一章 总 则

第一条 为了规范农民工工资支付行为，保障农民工按时足额获得工资，根据《中华人民共和国劳动法》及有关法律规定，制定本条例。

第二条 保障农民工工资支付，适用本条例。

本条例所称农民工，是指为用人单位提供劳动的农村居民。

本条例所称工资，是指农民工为用人单位提供劳动后应当获得的劳动报酬。

第三条 农民工有按时足额获得工资的权利。任何单位和个人不得拖欠农民工工资。

农民工应当遵守劳动纪律和职业道德，执行劳动安全卫生规程，完成劳动任务。

第四条 县级以上地方人民政府对本行政区域内保障农民工工资支付工作负责，建立保障农民工工资支付工作协调机制，加强监管能力建设，健全保障农民工工资支付工作目标责任制，并纳入对本级人民政府有关部门和下级人民政府进行考核和监督的内容。

乡镇人民政府、街道办事处应当加强对拖欠农民工工资矛盾的排查和调处工作，防范和化解矛盾，及时调解纠纷。

第五条 保障农民工工资支付，应当坚持市场主体负责、政府依法监管、社会协同监督，按照源头治理、预防为主、防治结合、标本兼治的要求，依法根治拖欠农民工工资问题。

第六条 用人单位实行农民工劳动用工实名制管理，与招用的农民工书面约定或者通过依法制定的规章制度规定工资支付标准、支付时间、支付方式等内容。

第七条 人力资源社会保障行政部门负责保障农民工工资支付工作的组织协调、管理指导和农民工工资支付情况的监督检查，查处有关拖欠农民工工资案件。

住房城乡建设、交通运输、水利等相关行业工程建设主管部门按照职责履行行业监管责任，督办因违法发包、转包、违法分包、挂靠、拖欠工程款等导致的拖欠农民工工资案件。

发展改革等部门按照职责负责政府投资项目的审批管理，依法审查政府投资项目的资金来源和筹措方式，按规定及时安排政府投资，加强社会信用体系建设，组织对拖欠农民工工资失信联合惩戒对象依法依规予以限制和惩戒。

财政部门负责政府投资资金的预算管理，根据经批准的预算按规定及时足额拨付政府投资资金。

公安机关负责及时受理、侦办涉嫌拒不支付劳动报酬刑事案件，依法处置因农民工工资拖欠引发的社会治安案件。

司法行政、自然资源、人民银行、审计、国有资产管理、税务、市场监管、金融监管等部门，按照职责做好与保障农民工工资支付相关的工作。

第八条 工会、共产主义青年团、妇女联合会、残疾人联合会等组织按照职责依法维护农民工获得工资的权利。

第九条 新闻媒体应当开展保障农民工工资支付法律法规政策的公益宣传和先进典型的报道，依法加强对拖欠农民工工资违法行为的舆论监督，引导用人单位增强依法用工、按时足额支付工资的法律意识，引导农民工依法维权。

第十条 被拖欠工资的农民工有权依法投诉，或者申请劳动争议调解仲裁和提起诉讼。

任何单位和个人对拖欠农民工工资的行为，有权向人力资源社会保障行政部门或者其他有关部门举报。

人力资源社会保障行政部门和其他有关部门应当公开举报投诉电话、网站等渠道，依法接受对拖欠农民工工资行为的举报、投诉。对于举报、投诉的处理实行首问负责制，属于本部门受理的，应当依法及时处理；不属于本部门受理的，应当及时转送相关部门，相关部门应当依法及时处理，并将处理结果告知举报、投诉人。

第二章　工资支付形式与周期

第十一条 农民工工资应当以货币形式，通过银行转账或者现金支付给农民工本人，不得以实物或者有价证券等其他形式替代。

第十二条 用人单位应当按照与农民工书面约定或者依法制定的规章制度规定的工资支付周期和具体支付日期足额支付工资。

第十三条 实行月、周、日、小时工资制的，按照月、周、日、小时为周期支付工资；实行计件工资制的，工资支付周期由双方依法约定。

第十四条 用人单位与农民工书面约定或者依法制定的规章制度规定的具体支付日期，可以在农民工提供劳动的当期或者次期。具体支付日期遇法定节假日或者休息日的，应当在法定节假日或者休息日前支付。

用人单位因不可抗力未能在支付日期支付工资的，应当在不可抗力消除后及时支付。

第十五条 用人单位应当按照工资支付周期编制书面工资支付台账，并至少保存3年。

书面工资支付台账应当包括用人单位名称，支付周期，支付日期，支付对象姓名、身份证号码、联系方式，工作时间，应发工资项目及数额，代扣、代缴、扣除项目和数额，实发工资数额，银行代发工资凭证或者农民工签字等内容。

用人单位向农民工支付工资时，应当提供农民工本人的工资清单。

第三章 工资清偿

第十六条 用人单位拖欠农民工工资的，应当依法予以清偿。

第十七条 不具备合法经营资格的单位招用农民工，农民工已经付出劳动而未获得工资的，依照有关法律规定执行。

第十八条 用工单位使用个人、不具备合法经营资格的单位或者未依法取得劳务派遣许可证的单位派遣的农民工，拖欠农民工工资的，由用工单位清偿，并可以依法进行追偿。

第十九条 用人单位将工作任务发包给个人或者不具备合法经营

资格的单位，导致拖欠所招用农民工工资的，依照有关法律规定执行。

用人单位允许个人、不具备合法经营资格或者未取得相应资质的单位以用人单位的名义对外经营，导致拖欠所招用农民工工资的，由用人单位清偿，并可以依法进行追偿。

第二十条 合伙企业、个人独资企业、个体经济组织等用人单位拖欠农民工工资的，应当依法予以清偿；不清偿的，由出资人依法清偿。

第二十一条 用人单位合并或者分立时，应当在实施合并或者分立前依法清偿拖欠的农民工工资；经与农民工书面协商一致的，可以由合并或者分立后承继其权利和义务的用人单位清偿。

第二十二条 用人单位被依法吊销营业执照或者登记证书、被责令关闭、被撤销或者依法解散的，应当在申请注销登记前依法清偿拖欠的农民工工资。

未依据前款规定清偿农民工工资的用人单位主要出资人，应当在注册新用人单位前清偿拖欠的农民工工资。

第四章 工程建设领域特别规定

第二十三条 建设单位应当有满足施工所需要的资金安排。没有满足施工所需要的资金安排的，工程建设项目不得开工建设；依法需要办理施工许可证的，相关行业工程建设主管部门不予颁发施工许可证。

政府投资项目所需资金，应当按照国家有关规定落实到位，不得由施工单位垫资建设。

第二十四条 建设单位应当向施工单位提供工程款支付担保。

建设单位与施工总承包单位依法订立书面工程施工合同，应当约定工程款计量周期、工程款进度结算办法以及人工费用拨付周期，并按照保障农民工工资按时足额支付的要求约定人工费用。人工费用拨付周期不得超过1个月。

建设单位与施工总承包单位应当将工程施工合同保存备查。

第二十五条 施工总承包单位与分包单位依法订立书面分包合同，应当约定工程款计量周期、工程款进度结算办法。

第二十六条 施工总承包单位应当按照有关规定开设农民工工资专用账户，专项用于支付该工程建设项目农民工工资。

开设、使用农民工工资专用账户有关资料应当由施工总承包单位妥善保存备查。

第二十七条 金融机构应当优化农民工工资专用账户开设服务流程，做好农民工工资专用账户的日常管理工作；发现资金未按约定拨付等情况的，及时通知施工总承包单位，由施工总承包单位报告人力资源社会保障行政部门和相关行业工程建设主管部门，并纳入欠薪预警系统。

工程完工且未拖欠农民工工资的，施工总承包单位公示 30 日后，可以申请注销农民工工资专用账户，账户内余额归施工总承包单位所有。

第二十八条 施工总承包单位或者分包单位应当依法与所招用的农民工订立劳动合同并进行用工实名登记，具备条件的行业应当通过相应的管理服务信息平台进行用工实名登记、管理。未与施工总承包单位或者分包单位订立劳动合同并进行用工实名登记的人员，不得进入项目现场施工。

施工总承包单位应当在工程项目部配备劳资专管员，对分包单位劳动用工实施监督管理，掌握施工现场用工、考勤、工资支付等情况，审核分包单位编制的农民工工资支付表，分包单位应当予以配合。

施工总承包单位、分包单位应当建立用工管理台账，并保存至工程完工且工资全部结清后至少 3 年。

第二十九条 建设单位应当按照合同约定及时拨付工程款，并将人工费用及时足额拨付至农民工工资专用账户，加强对施工总承包单位按时足额支付农民工工资的监督。

因建设单位未按照合同约定及时拨付工程款导致农民工工资拖欠

的，建设单位应当以未结清的工程款为限先行垫付被拖欠的农民工工资。

建设单位应当以项目为单位建立保障农民工工资支付协调机制和工资拖欠预防机制，督促施工总承包单位加强劳动用工管理，妥善处理与农民工工资支付相关的矛盾纠纷。发生农民工集体讨薪事件的，建设单位应当会同施工总承包单位及时处理，并向项目所在地人力资源社会保障行政部门和相关行业工程建设主管部门报告有关情况。

第三十条 分包单位对所招用农民工的实名制管理和工资支付负直接责任。

施工总承包单位对分包单位劳动用工和工资发放等情况进行监督。

分包单位拖欠农民工工资的，由施工总承包单位先行清偿，再依法进行追偿。

工程建设项目转包，拖欠农民工工资的，由施工总承包单位先行清偿，再依法进行追偿。

第三十一条 工程建设领域推行分包单位农民工工资委托施工总承包单位代发制度。

分包单位应当按月考核农民工工作量并编制工资支付表，经农民工本人签字确认后，与当月工程进度等情况一并交施工总承包单位。

施工总承包单位根据分包单位编制的工资支付表，通过农民工工资专用账户直接将工资支付到农民工本人的银行账户，并向分包单位提供代发工资凭证。

用于支付农民工工资的银行账户所绑定的农民工本人社会保障卡或者银行卡，用人单位或者其他人员不得以任何理由扣押或者变相扣押。

第三十二条 施工总承包单位应当按照有关规定存储工资保证金，专项用于支付为所承包工程提供劳动的农民工被拖欠的工资。

工资保证金实行差异化存储办法，对一定时期内未发生工资拖欠的单位实行减免措施，对发生工资拖欠的单位适当提高存储比例。工资保证金可以用金融机构保函替代。

工资保证金的存储比例、存储形式、减免措施等具体办法，由国务院人力资源社会保障行政部门会同有关部门制定。

第三十三条 除法律另有规定外，农民工工资专用账户资金和工资保证金不得因支付为本项目提供劳动的农民工工资之外的原因被查封、冻结或者划拨。

第三十四条 施工总承包单位应当在施工现场醒目位置设立维权信息告示牌，明示下列事项：

（一）建设单位、施工总承包单位及所在项目部、分包单位、相关行业工程建设主管部门、劳资专管员等基本信息；

（二）当地最低工资标准、工资支付日期等基本信息；

（三）相关行业工程建设主管部门和劳动保障监察投诉举报电话、劳动争议调解仲裁申请渠道、法律援助申请渠道、公共法律服务热线等信息。

第三十五条 建设单位与施工总承包单位或者承包单位与分包单位因工程数量、质量、造价等产生争议的，建设单位不得因争议不按照本条例第二十四条的规定拨付工程款中的人工费用，施工总承包单位也不得因争议不按照规定代发工资。

第三十六条 建设单位或者施工总承包单位将建设工程发包或者分包给个人或者不具备合法经营资格的单位，导致拖欠农民工工资的，由建设单位或者施工总承包单位清偿。

施工单位允许其他单位和个人以施工单位的名义对外承揽建设工程，导致拖欠农民工工资的，由施工单位清偿。

第三十七条 工程建设项目违反国土空间规划、工程建设等法律法规，导致拖欠农民工工资的，由建设单位清偿。

第五章 监督检查

第三十八条 县级以上地方人民政府应当建立农民工工资支付监控预警平台，实现人力资源社会保障、发展改革、司法行政、财政、住房城乡建设、交通运输、水利等部门的工程项目审批、资金落实、施工许可、劳动用工、工资支付等信息及时共享。

人力资源社会保障行政部门根据水电燃气供应、物业管理、信贷、税收等反映企业生产经营相关指标的变化情况，及时监控和预警工资支付隐患并做好防范工作，市场监管、金融监管、税务等部门应当予以配合。

第三十九条 人力资源社会保障行政部门、相关行业工程建设主管部门和其他有关部门应当按照职责，加强对用人单位与农民工签订劳动合同、工资支付以及工程建设项目实行农民工实名制管理、农民工工资专用账户管理、施工总承包单位代发工资、工资保证金存储、维权信息公示等情况的监督检查，预防和减少拖欠农民工工资行为的发生。

第四十条 人力资源社会保障行政部门在查处拖欠农民工工资案件时，需要依法查询相关单位金融账户和相关当事人拥有房产、车辆等情况的，应当经设区的市级以上地方人民政府人力资源社会保障行政部门负责人批准，有关金融机构和登记部门应当予以配合。

第四十一条 人力资源社会保障行政部门在查处拖欠农民工工资案件时，发生用人单位拒不配合调查、清偿责任主体及相关当事人无法联系等情形的，可以请求公安机关和其他有关部门协助处理。

人力资源社会保障行政部门发现拖欠农民工工资的违法行为涉嫌构成拒不支付劳动报酬罪的，应当按照有关规定及时移送公安机关审查并作出决定。

第四十二条 人力资源社会保障行政部门作出责令支付被拖欠的农民工工资的决定，相关单位不支付的，可以依法申请人民法院强制执行。

第四十三条 相关行业工程建设主管部门应当依法规范本领域建设市场秩序，对违法发包、转包、违法分包、挂靠等行为进行查处，并对导致拖欠农民工工资的违法行为及时予以制止、纠正。

第四十四条 财政部门、审计机关和相关行业工程建设主管部门按照职责，依法对政府投资项目建设单位按照工程施工合同约定向农民工工资专用账户拨付资金情况进行监督。

第四十五条 司法行政部门和法律援助机构应当将农民工列为法律援助的重点对象，并依法为请求支付工资的农民工提供便捷的法律援助。

公共法律服务相关机构应当积极参与相关诉讼、咨询、调解等活动，帮助解决拖欠农民工工资问题。

第四十六条 人力资源社会保障行政部门、相关行业工程建设主管部门和其他有关部门应当按照“谁执法谁普法”普法责任制的要求，通过以案释法等多种形式，加大对保障农民工工资支付相关法律法规的普及宣传。

第四十七条 人力资源社会保障行政部门应当建立用人单位及相关责任人劳动保障守法诚信档案，对用人单位开展守法诚信等级评价。

用人单位有严重拖欠农民工工资违法行为的，由人力资源社会保障行政部门向社会公布，必要时可以通过召开新闻发布会等形式向媒体公开曝光。

第四十八条 用人单位拖欠农民工工资，情节严重或者造成严重不良社会影响的，有关部门应当将该用人单位及其法定代表人或者主要负责人、直接负责的主管人员和其他直接责任人员列入拖欠农民工工资失信联合惩戒对象名单，在政府资金支持、政府采购、招投标、融资贷款、市场准入、税收优惠、评优评先、交通出行等方面依法依规予以限制。

拖欠农民工工资需要列入失信联合惩戒名单的具体情形，由国务院人力资源社会保障行政部门规定。

第四十九条 建设单位未依法提供工程款支付担保或者政府投资项目拖欠工程款，导致拖欠农民工工资的，县级以上地方人民政府应当限制其新建项目，并记入信用记录，纳入国家信用信息系统进行公示。

第五十条 农民工与用人单位就拖欠工资存在争议，用人单位应当提供依法由其保存的劳动合同、职工名册、工资支付台账和清单等材料；不提供的，依法承担不利后果。

第五十一条 工会依法维护农民工工资权益，对用人单位工资支付情况进行监督；发现拖欠农民工工资的，可以要求用人单位改正，拒不改正的，可以请求人力资源社会保障行政部门和其他有关部门依法处理。

第五十二条 单位或者个人编造虚假事实或者采取非法手段讨要农民工工资，或者以拖欠农民工工资为名讨要工程款的，依法予以处理。

第六章 法律责任

第五十三条 违反本条例规定拖欠农民工工资的，依照有关法律规定执行。

第五十四条 有下列情形之一的，由人力资源社会保障行政部门责令限期改正；逾期不改正的，对单位处2万元以上5万元以下的罚款，对法定代表人或者主要负责人、直接负责的主管人员和其他直接责任人员处1万元以上3万元以下的罚款：

（一）以实物、有价证券等形式代替货币支付农民工工资；

（二）未编制工资支付台账并依法保存，或者未向农民工提供工资清单；

（三）扣押或者变相扣押用于支付农民工工资的银行账户所绑定的农民工本人社会保障卡或者银行卡。

第五十五条 有下列情形之一的，由人力资源社会保障行政部门、相关行业工程建设主管部门按照职责责令限期改正；逾期不改正的，责令项目停工，并处5万元以上10万元以下的罚款；情节严重的，给予施工单位限制承接新工程、降低资质等级、吊销资质证书等处罚：

（一）施工总承包单位未按规定开设或者使用农民工工资专用账户；

（二）施工总承包单位未按规定存储工资保证金或者未提供金融机

构保函；

（三）施工总承包单位、分包单位未实行劳动用工实名制管理。

第五十六条 有下列情形之一的，由人力资源社会保障行政部门、相关行业工程建设主管部门按照职责责令限期改正；逾期不改正的，处5万元以上10万元以下的罚款：

（一）分包单位未按月考核农民工工作量、编制工资支付表并经农民工本人签字确认；

（二）施工总承包单位未对分包单位劳动用工实施监督管理；

（三）分包单位未配合施工总承包单位对其劳动用工进行监督管理；

（四）施工总承包单位未实行施工现场维权信息公示制度。

第五十七条 有下列情形之一的，由人力资源社会保障行政部门、相关行业工程建设主管部门按照职责责令限期改正；逾期不改正的，责令项目停工，并处5万元以上10万元以下的罚款：

（一）建设单位未依法提供工程款支付担保；

（二）建设单位未按约定及时足额向农民工工资专用账户拨付工程款中的人工费用；

（三）建设单位或者施工总承包单位拒不提供或者无法提供工程施工合同、农民工工资专用账户有关资料。

第五十八条 不依法配合人力资源社会保障行政部门查询相关单位金融账户的，由金融监管部门责令改正；拒不改正的，处2万元以上5万元以下的罚款。

第五十九条 政府投资项目政府投资资金不到位拖欠农民工工资的，由人力资源社会保障行政部门报本级人民政府批准，责令限期足额拨付所拖欠的资金；逾期不拨付的，由上一级人民政府人力资源社会保障行政部门约谈直接责任部门和相关监管部门负责人，必要时进行通报，约谈地方人民政府负责人。情节严重的，对地方人民政府及其有关部门负责人、直接负责的主管人员和其他直接责任人员依法依规给予处分。

第六十条 政府投资项目建设单位未经批准立项建设、擅自扩大建设规模、擅自增加投资概算、未及时拨付工程款等导致拖欠农民工工资的，除依法承担责任外，由人力资源社会保障行政部门、其他有关部门按照职责约谈建设单位负责人，并作为其业绩考核、薪酬分配、评优评先、职务晋升等的重要依据。

第六十一条 对于建设资金不到位、违法违规开工建设的社会投资工程建设项目拖欠农民工工资的，由人力资源社会保障行政部门、其他有关部门按照职责依法对建设单位进行处罚；对建设单位负责人依法依规给予处分。相关部门工作人员未依法履行职责的，由有关机关依法依规给予处分。

第六十二条 县级以上地方人民政府人力资源社会保障、发展改革、财政、公安等部门和相关行业工程建设主管部门工作人员，在履行农民工工资支付监督管理职责过程中滥用职权、玩忽职守、徇私舞弊的，依法依规给予处分；构成犯罪的，依法追究刑事责任。

第七章 附 则

第六十三条 用人单位一时难以支付拖欠的农民工工资或者拖欠农民工工资逃匿的，县级以上地方人民政府可以动用应急周转金，先行垫付用人单位拖欠的农民工部分工资或者基本生活费。对已经垫付的应急周转金，应当依法向拖欠农民工工资的用人单位进行追偿。

第六十四条 本条例自 2020 年 5 月 1 日起施行。

人力资源社会保障部、司法部、财政部关于进一步加强劳动人事争议调解仲裁法律援助工作的意见

（2020年6月22日　人社部发〔2020〕52号）

各省、自治区、直辖市及新疆生产建设兵团人力资源社会保障厅（局）、司法厅（局）、财政厅（局）：

加强劳动人事争议调解仲裁法律援助工作（以下简称调解仲裁法律援助工作），保障符合条件的劳动者特别是贫困农民工及时获得法律援助服务，对于维护劳动者合法权益、确保法律正确实施、促进社会公平正义具有重要意义。近年来，一些地方主动采取措施加强调解仲裁法律援助工作，取得了良好效果。但与人民群众日益增长的法律援助需求相比，调解仲裁法律援助工作还存在协作机制有待健全、保障机制不够完善等问题。为认真落实中央关于全面推进依法治国的重大战略部署，统筹推进疫情防控与经济社会发展，加快处理各类涉疫情劳动人事争议，进一步满足人民群众特别是贫困劳动者对调解仲裁法律援助工作的需要，根据中央关于完善法律援助制度的有关精神和《法律援助条例》相关规定，现就进一步加强调解仲裁法律援助工作提出如下意见。

一、建立健全调解仲裁法律援助协作机制。人力资源社会保障行政部门、劳动人事争议仲裁院（以下简称仲裁院）和司法行政机关、法律援助机构要建立完善调解仲裁法律援助协作工作机制，切实加强调解仲裁法律援助工作。人力资源社会保障行政部门和仲裁院要充分发挥处理劳动人事争议的专业优势，司法行政机关和法律援助机构要加强法律援助业务指导，提升规范化服务水平。仲裁院可以引导当事

人通过拨打“12348”公共法律服务热线或登录法律服务网等方式进行法律咨询，帮助符合法律援助条件的农民工和困难职工申请法律援助；法律援助机构要在仲裁院公示法律援助机构办公地址、法律援助申请材料和工作流程等信息。有条件的地方，司法行政机关可以根据工作需要在当地仲裁院设立法律援助工作站，或在当地公共法律服务中心设立调解仲裁法律援助窗口。人力资源社会保障部门要为设立在当地仲裁院的法律援助工作站提供工作场所，配备办公设备、服务设施等。财政部门要完善调解仲裁法律援助经费保障机制，省级财政要提供经费支持，市、县级财政要将法律援助经费纳入同级财政预算，根据地方财力和办案量合理安排经费，适当提高法律援助补贴标准并及时支付。

二、扩大调解仲裁法律援助范围。在法律援助对象上，司法行政机关要综合考虑当地法律援助资源供给状况、困难群众法律援助需求等因素，推动法律援助逐步覆盖低收入劳动者，重点做好农民工、工伤职工和孕期、产期、哺乳期（以下简称“三期”）女职工的调解仲裁法律援助工作。在法律援助事项上，司法行政机关要在《法律援助条例》规定的请求支付劳动报酬、给予社会保险待遇等事项基础上，推动有条件的地方将经济补偿、赔偿金等涉及劳动保障事项纳入法律援助补充事项范围。在仲裁院设立法律援助工作站的，工作站可以配合仲裁院开展法律知识宣讲、以案释法等活动，引导劳动者依法维权。

三、规范调解仲裁法律援助程序。加强调解仲裁法律援助工作标准化规范化建设，建立健全调解仲裁法律援助工作机制。在仲裁院设立法律援助工作站的，对来访咨询，工作站接待人员应当登记受援人基本信息和联系方式，全面了解案件事实和受援人法律诉求，对咨询事项符合法律援助条件的，应当告知其申请法律援助的条件和程序，指导其申请法律援助；对咨询事项不属于法律援助的，应当为受援人提出法律建议；对咨询事项不属于法律问题或者与法律援助无关的，告知受援人应咨询的部门或渠道。

四、健全便民服务机制。简化审查程序，对建档立卡贫困劳动者和申请支付劳动报酬、工伤赔偿的农民工，免予经济困难审查。开辟法律援助“绿色通道”，对农民工、工伤职工、“三期”女职工等重点服务对象申请法律援助的，加快办理进度，有条件的当日受理、当日转交。对情况紧急的集体劳动争议案件，可以先行提供法律援助，事后补交申请材料、补办相关手续。

五、加强组织领导。各地要将开展调解仲裁法律援助工作作为完善劳动人事争议多元处理机制的重要工作来抓，将其纳入当地为民办实事清单。人力资源社会保障部门与司法行政部门要加强沟通协调和工作对接，形成工作合力。要建立健全联席会议、工作信息通报机制，定期交流工作情况，总结推广经验做法，共同研究解决工作中遇到的问题。要加强监督管理，对调解仲裁法律援助工作站履行职责、服务质量、工作绩效、规范化建设等加强指导监管。鼓励和支持社会力量通过多种方式依法有序参与调解仲裁法律援助工作。

人民检察院刑事诉讼规则（节录）

（2019年12月2日最高人民检察院第十三届检察委员会第二十八次会议通过　最高人民检察院公告公布　自2019年12月30日起施行）

……

第四十条　人民检察院负责侦查的部门在第一次讯问犯罪嫌疑人或者对其采取强制措施时，应当告知犯罪嫌疑人有权委托辩护人，并告知其如果因经济困难或者其他原因没有委托辩护人的，可以申请法律援助。属于刑事诉讼法第三十五条规定情形的，应当告知犯罪嫌疑人有权获得法律援助。

人民检察院自收到移送起诉案卷材料之日起三日以内，应当告知犯罪嫌疑人有权委托辩护人，并告知其如果因经济困难或者其他原因没有委托辩护人的，可以申请法律援助。属于刑事诉讼法第三十五条规定情形的，应当告知犯罪嫌疑人有权获得法律援助。

当面口头告知的，应当记入笔录，由被告知人签名；电话告知的，应当记录在案；书面告知的，应当将送达回执入卷。

……

第四十二条 人民检察院办理直接受理侦查案件和审查起诉案件，发现犯罪嫌疑人是盲、聋、哑人或者是尚未完全丧失辨认或者控制自己行为能力的精神病人，或者可能被判处无期徒刑、死刑，没有委托辩护人的，应当自发现之日起三日以内书面通知法律援助机构指派律师为其提供辩护。

第四十三条 人民检察院收到在押或者被指定居所监视居住的犯罪嫌疑人提出的法律援助申请，应当在二十四小时以内将申请材料转交法律援助机构，并通知犯罪嫌疑人的监护人、近亲属或者其委托的其他人员协助提供有关证件、证明等材料。

第四十四条 属于应当提供法律援助的情形，犯罪嫌疑人拒绝法律援助机构指派的律师作为辩护人的，人民检察院应当查明拒绝的原因。有正当理由的，予以准许，但犯罪嫌疑人需另行委托辩护人；犯罪嫌疑人未另行委托辩护人的，应当书面通知法律援助机构另行指派律师为其提供辩护。

第四十五条 辩护人接受委托后告知人民检察院，或者法律援助机构指派律师后通知人民检察院的，人民检察院负责案件管理的部门应当及时登记辩护人的相关信息，并将有关情况和材料及时通知、移交办案部门。

负责案件管理的部门对办理业务的辩护律师，应当查验其律师执业证书、律师事务所证明和授权委托书或者法律援助公函。对其他辩护人、诉讼代理人，应当查验其身份证明和授权委托书。

……

第五十五条 人民检察院自收到移送起诉案卷材料之日起三日以内，应当告知被害人及其法定代理人或者其近亲属、附带民事诉讼的当事人及其法定代理人有权委托诉讼代理人。被害人及其法定代理人、近亲属因经济困难没有委托诉讼代理人的，应当告知其可以申请法律援助。

当面口头告知的，应当记入笔录，由被告知人签名；电话告知的，应当记录在案；书面告知的，应当将送达回执入卷。被害人众多或者不确定，无法以上述方式逐一告知的，可以公告告知。无法告知的，应当记录在案。

被害人有法定代理人的，应当告知其法定代理人；没有法定代理人的，应当告知其近亲属。

法定代理人或者近亲属为二人以上的，可以告知其中一人。告知时应当按照刑事诉讼法第一百零八条第三项、第六项列举的顺序择先进行。

当事人及其法定代理人、近亲属委托诉讼代理人的，参照刑事诉讼法第三十三条等法律规定执行。

……

第五十七条 辩护人、诉讼代理人认为公安机关、人民检察院、人民法院及其工作人员具有下列阻碍其依法行使诉讼权利行为之一，向同级或者上一级人民检察院申诉或者控告的，人民检察院负责控告申诉检察的部门应当接受并依法办理，其他办案部门应当予以配合：

（一）违反规定，对辩护人、诉讼代理人提出的回避要求不予受理或者对不予回避决定不服的复议申请不予受理的；

（二）未依法告知犯罪嫌疑人、被告人有权委托辩护人的；

（三）未转达在押或者被监视居住的犯罪嫌疑人、被告人委托辩护人的要求或者未转交其申请法律援助材料的；

（四）应当通知而不通知法律援助机构为符合条件的犯罪嫌疑人、被告人或者被申请强制医疗的人指派律师提供辩护或者法律援助的；

（五）在规定时间内不受理、不答复辩护人提出的变更强制措施申请或者解除强制措施要求的；

（六）未依法告知辩护律师犯罪嫌疑人涉嫌的罪名和案件有关情况的；

（七）违法限制辩护律师同在押、被监视居住的犯罪嫌疑人、被告人会见和通信的；

（八）违法不允许辩护律师查阅、摘抄、复制本案的案卷材料的；

（九）违法限制辩护律师收集、核实有关证据材料的；

（十）没有正当理由不同意辩护律师收集、调取证据或者通知证人出庭作证的申请，或者不答复、不说明理由的；

（十一）未依法提交证明犯罪嫌疑人、被告人无罪或者罪轻的证据材料的；

（十二）未依法听取辩护人、诉讼代理人意见的；

（十三）未依法将开庭的时间、地点及时通知辩护人、诉讼代理人的；

（十四）未依法向辩护人、诉讼代理人及时送达本案的法律文书或者及时告知案件移送情况的；

（十五）阻碍辩护人、诉讼代理人在法庭审理过程中依法行使诉讼权利的；

（十六）其他阻碍辩护人、诉讼代理人依法行使诉讼权利的。

对于直接向上一级人民检察院申诉或者控告的，上一级人民检察院可以交下级人民检察院办理，也可以直接办理。

辩护人、诉讼代理人认为看守所及其工作人员有阻碍其依法行使诉讼权利的行为，向人民检察院申诉或者控告的，由负责刑事执行检察的部门接受并依法办理；其他办案部门收到申诉或者控告的，应当及时移送负责刑事执行检察的部门。

……

第二百六十七条 人民检察院办理犯罪嫌疑人认罪认罚案件，应当保障犯罪嫌疑人获得有效法律帮助，确保其了解认罪认罚的性质和法律后果，自愿认罪认罚。

人民检察院受理案件后，应当向犯罪嫌疑人了解其委托辩护人的情况。犯罪嫌疑人自愿认罪认罚、没有辩护人的，在审查逮捕阶段，人民检察院应当要求公安机关通知值班律师为其提供法律帮助；在审查起诉阶段，人民检察院应当通知值班律师为其提供法律帮助。符合通知辩护条件的，应当依法通知法律援助机构指派律师为其提供辩护。

第二百六十八条 人民检察院应当商法律援助机构设立法律援助工作站派驻值班律师或者及时安排值班律师，为犯罪嫌疑人提供法律咨询、程序选择建议、申请变更强制措施、对案件处理提出意见等法律帮助。

人民检察院应当告知犯罪嫌疑人有权约见值班律师，并为其约见值班律师提供便利。

……

第四百六十条 人民检察院受理案件后，应当向未成年犯罪嫌疑人及其法定代理人了解其委托辩护人的情况，并告知其有权委托辩护人。

未成年犯罪嫌疑人没有委托辩护人的，人民检察院应当书面通知法律援助机构指派律师为其提供辩护。

对于公安机关未通知法律援助机构指派律师为未成年犯罪嫌疑人提供辩护的，人民检察院应当提出纠正意见。

……

第五百四十五条 人民检察院发现人民法院强制医疗案件审理活动具有下列情形之一的，应当提出纠正意见：

（一）未通知被申请人或者被告人的法定代理人到场的；

（二）被申请人或者被告人没有委托诉讼代理人，未通知法律援助机构指派律师为其提供法律帮助的；

（三）未组成合议庭或者合议庭组成人员不合法的；

（四）未经被申请人、被告人的法定代理人请求直接作出不开庭审理决定的；

（五）未会见被申请人的；

（六）被申请人、被告人要求出庭且具备出庭条件，未准许其出庭的；

（七）违反法定审理期限的；

（八）收到人民检察院对强制医疗决定不当的书面纠正意见后，未另行组成合议庭审理或者未在一个月以内作出复议决定的；

（九）人民法院作出的强制医疗决定或者驳回强制医疗申请决定不当的；

（十）其他违反法律规定的情形。

……

公安机关办理刑事案件程序规定（节录）

（2012 年 12 月 13 日公安部令第 127 号修订发布　根据 2020 年 7 月 20 日《公安部关于修改〈公安机关办理刑事案件程序规定〉的决定》修正）

……

第四十三条　公安机关在第一次讯问犯罪嫌疑人或者对犯罪嫌疑人采取强制措施的时候，应当告知犯罪嫌疑人有权委托律师作为辩护人，并告知其如果因经济困难或者其他原因没有委托辩护律师的，可以向法律援助机构申请法律援助。告知的情形应当记录在案。

对于同案的犯罪嫌疑人委托同一名辩护律师的，或者两名以上未同案处理但实施的犯罪存在关联的犯罪嫌疑人委托同一名辩护律师的，公安机关应当要求其更换辩护律师。

……

第四十六条　符合下列情形之一，犯罪嫌疑人没有委托辩护人的，公安机关应当自发现该情形之日起三日以内通知法律援助机构为犯罪嫌疑人指派辩护律师：

（一）犯罪嫌疑人是盲、聋、哑人，或者是尚未完全丧失辨认或者控制自己行为能力的精神病人；

（二）犯罪嫌疑人可能被判处无期徒刑、死刑。

第四十七条　公安机关收到在押的犯罪嫌疑人提出的法律援助申

请后，应当在二十四小时以内将其申请转交所在地的法律援助机构，并在三日以内通知申请人的法定代理人、近亲属或者其委托的其他人员协助提供有关证件、证明等相关材料。犯罪嫌疑人的法定代理人、近亲属或者其委托的其他人员地址不详无法通知的，应当在转交申请时一并告知法律援助机构。

犯罪嫌疑人拒绝法律援助机构指派的律师作为辩护人或者自行委托辩护人的，公安机关应当在三日以内通知法律援助机构。

第四十八条 辩护律师接受犯罪嫌疑人委托或者法律援助机构的指派后，应当及时告知公安机关并出示律师执业证书、律师事务所证明和委托书或者法律援助公函。

第四十九条 犯罪嫌疑人、被告人入所羁押时没有委托辩护人，法律援助机构也没有指派律师提供辩护的，看守所应当告知其有权约见值班律师，获得法律咨询、程序选择建议、申请变更强制措施、对案件处理提出意见等法律帮助，并为犯罪嫌疑人、被告人约见值班律师提供便利。

没有委托辩护人、法律援助机构没有指派律师提供辩护的犯罪嫌疑人、被告人，向看守所申请由值班律师提供法律帮助的，看守所应当在二十四小时内通知值班律师。

……

第五十三条 辩护律师要求会见在押的犯罪嫌疑人，看守所应当在查验其律师执业证书、律师事务所证明和委托书或者法律援助公函后，在四十八小时以内安排律师会见到犯罪嫌疑人，同时通知办案部门。

侦查期间，辩护律师会见危害国家安全犯罪案件、恐怖活动犯罪案件在押或者被监视居住的犯罪嫌疑人时，看守所或者监视居住执行机关还应当查验侦查机关的许可决定文书。

……

第三百二十条 未成年犯罪嫌疑人没有委托辩护人的，公安机关应当通知法律援助机构指派律师为其提供辩护。

……

最高人民法院关于对经济确有困难的当事人提供司法救助的规定

（2000年7月12日最高人民法院审判委员会第1124次会议通过　2005年4月5日最高人民法院审判委员会第1347次会议通过修订　法发〔2005〕6号）

第一条　为了使经济确有困难的当事人能够依法行使诉讼权利，维护其合法权益，根据《中华人民共和国民事诉讼法》、《中华人民共和国行政诉讼法》和《人民法院诉讼收费办法》，制定本规定。

第二条　本规定所称司法救助，是指人民法院对于当事人为维护自己的合法权益，向人民法院提起民事、行政诉讼，但经济确有困难的，实行诉讼费用的缓交、减交、免交。

第三条　当事人符合本规定第二条并具有下列情形之一的，可以向人民法院申请司法救助：

（一）追索赡养费、扶养费、抚育费、抚恤金的；

（二）孤寡老人、孤儿和农村“五保户”；

（三）没有固定生活来源的残疾人、患有严重疾病的人；

（四）国家规定的优抚、安置对象；

（五）追索社会保险金、劳动报酬和经济补偿金的；

（六）交通事故、医疗事故、工伤事故、产品质量事故或者其他人身伤害事故的受害人，请求赔偿的；

（七）因见义勇为或为保护社会公共利益致使自己合法权益受到损害，本人或者近亲属请求赔偿或经济补偿的；

（八）进城务工人员追索劳动报酬或其他合法权益受到侵害而请求赔偿的；

（九）正在享受城市居民最低生活保障、农村特困户救济或者领取失业保险金，无其他收入的；

（十）因自然灾害等不可抗力造成生活困难，正在接受社会救济，或者家庭生产经营难以为继的；

（十一）起诉行政机关违法要求农民履行义务的；

（十二）正在接受有关部门法律援助的；

（十三）当事人为社会福利机构、敬老院、优抚医院、精神病院、SOS 儿童村、社会救助站、特殊教育机构等社会公共福利单位的；

（十四）其他情形确实需要司法救助的。

第四条 当事人请求人民法院提供司法救助，应在起诉或上诉时提交书面申请和足以证明其确有经济困难的证明材料。其中因生活困难或者追索基本生活费用申请司法救助的，应当提供本人及其家庭经济状况符合当地民政、劳动和社会保障等部门规定的公民经济困难标准的证明。

第五条 人民法院对当事人司法救助的请求，经审查符合本规定第三条所列情形的，立案时应准许当事人缓交诉讼费用。

第六条 人民法院决定对一方当事人司法救助，对方当事人败诉的，诉讼费用由对方当事人交纳；拒不交纳的强制执行。

对方当事人胜诉的，可视申请司法救助当事人的经济状况决定其减交、免交诉讼费用。决定减交诉讼费用的，减交比例不得低于 30%。符合本规定第三条第二项、第九项规定情形的，应免交诉讼费用。

第七条 对当事人请求缓交诉讼费用的，由承办案件的审判人员或合议庭提出意见，报庭长审批；对当事人请求减交、免交诉讼费用的，由承办案件的审判人员或合议庭提出意见，经庭长审核同意后，报院长审批。

第八条 人民法院决定对当事人减交、免交诉讼费用的，应在法律文书中列明。

第九条 当事人骗取司法救助的，人民法院应当责令其补交诉讼费用；拒不补交的，以妨害诉讼行为论处。

第十条 本规定自公布之日起施行。

最高人民法院、最高人民检察院、公安部、国家安全部、司法部关于适用认罪认罚从宽制度的指导意见（节录）

（2019年10月11日）

……

四、犯罪嫌疑人、被告人辩护权保障

10. 获得法律帮助权。人民法院、人民检察院、公安机关办理认罪认罚案件，应当保障犯罪嫌疑人、被告人获得有效法律帮助，确保其了解认罪认罚的性质和法律后果，自愿认罪认罚。

犯罪嫌疑人、被告人自愿认罪认罚，没有辩护人的，人民法院、人民检察院、公安机关（看守所）应当通知值班律师为其提供法律咨询、程序选择建议、申请变更强制措施等法律帮助。符合通知辩护条件的，应当依法通知法律援助机构指派律师为其提供辩护。

人民法院、人民检察院、公安机关（看守所）应当告知犯罪嫌疑人、被告人有权约见值班律师，获得法律帮助，并为其约见值班律师提供便利。犯罪嫌疑人、被告人及其近亲属提出法律帮助请求的，人民法院、人民检察院、公安机关（看守所）应当通知值班律师为其提供法律帮助。

11. 派驻值班律师。法律援助机构可以在人民法院、人民检察院、看守所派驻值班律师。人民法院、人民检察院、看守所应当为派驻值班律师提供必要办公场所和设施。

法律援助机构应当根据人民法院、人民检察院、看守所的法律帮助需求和当地法律服务资源，合理安排值班律师。值班律师可以定期值班或轮流值班，律师资源短缺的地区可以通过探索现场值班和电话、网络值班相结合，在人民法院、人民检察院毗邻设置联合工作站，省内和市内统筹调配律师资源，以及建立政府购买值班律师服务机制等方式，保障法律援助值班律师工作有序开展。

12. 值班律师的职责。值班律师应当维护犯罪嫌疑人、被告人的合法权益，确保犯罪嫌疑人、被告人在充分了解认罪认罚性质和法律后果的情况下，自愿认罪认罚。值班律师应当为认罪认罚的犯罪嫌疑人、被告人提供下列法律帮助：

（一）提供法律咨询，包括告知涉嫌或指控的罪名、相关法律规定，认罪认罚的性质和法律后果等；

（二）提出程序适用的建议；

（三）帮助申请变更强制措施；

（四）对人民检察院认定罪名、量刑建议提出意见；

（五）就案件处理，向人民法院、人民检察院、公安机关提出意见；

（六）引导、帮助犯罪嫌疑人、被告人及其近亲属申请法律援助；

（七）法律法规规定的其他事项。

值班律师可以会见犯罪嫌疑人、被告人，看守所应当为值班律师会见提供便利。危害国家安全犯罪、恐怖活动犯罪案件，侦查期间值班律师会见在押犯罪嫌疑人的，应当经侦查机关许可。自人民检察院对案件审查起诉之日起，值班律师可以查阅案卷材料、了解案情。人民法院、人民检察院应当为值班律师查阅案卷材料提供便利。

值班律师提供法律咨询、查阅案卷材料、会见犯罪嫌疑人或者被告人、提出书面意见等法律帮助活动的相关情况应当记录在案，并随案移送。

13. 法律帮助的衔接。对于被羁押的犯罪嫌疑人、被告人，在不同诉讼阶段，可以由派驻看守所的同一值班律师提供法律帮助。对于未被羁押的犯罪嫌疑人、被告人，前一诉讼阶段的值班律师可以在后续诉讼阶段继续为犯罪嫌疑人、被告人提供法律帮助。

14. 拒绝法律帮助的处理。犯罪嫌疑人、被告人自愿认罪认罚，没有委托辩护人，拒绝值班律师帮助的，人民法院、人民检察院、公安机关应当允许，记录在案并随案移送。但是审查起诉阶段签署认罪认罚具结书时，人民检察院应当通知值班律师到场。

15. 辩护人职责。认罪认罚案件犯罪嫌疑人、被告人委托辩护人或者法律援助机构指派律师为其辩护的，辩护律师在侦查、审查起诉和审判阶段，应当与犯罪嫌疑人、被告人就是否认罪认罚进行沟通，提供法律咨询和帮助，并就定罪量刑、诉讼程序适用等向办案机关提出意见。

……

办理法律援助案件程序规定

（2012年4月9日司法部令第124号公布 自2012年7月1日起施行）

第一章 总 则

第一条 为了规范办理法律援助案件，保证法律援助质量，根据《中华人民共和国刑事诉讼法》、《法律援助条例》等有关法律、行政法规的规定，制定本规定。

第二条 法律援助机构、律师事务所、基层法律服务所、其他社会组织和法律援助人员办理法律援助案件，适用本规定。

第三条 法律援助机构应当建立健全工作机制，为公民获得法律援助提供便利。

第四条 法律援助人员应当依照法律、法规及本规定，遵守有关法律服务业务规程，为受援人提供优质高效的法律服务。

第五条 法律援助人员应当保守在办理法律援助案件中知悉的国家秘密、商业秘密，不得泄露当事人的隐私。

第六条 法律援助人员办理法律援助案件，应当遵守职业道德和执业纪律，自觉接受监督。

第二章　受　理

第七条　法律援助机构应当公示办公地址、通讯方式等信息，在接待场所和司法行政政府网站上公示法律援助条件、程序、申请材料目录和申请示范文本等。

第八条　公民因经济困难就《法律援助条例》第十条规定的事项申请法律援助的，由义务机关所在地、义务人住所地或者被请求人住所地的法律援助机构依法受理。

《法律援助条例》第十一条规定的公民因经济困难申请刑事法律援助的，由办理案件的人民法院、人民检察院、公安机关所在地的法律援助机构受理。

申请人就同一事项向两个以上法律援助机构提出申请的，由最先收到申请的法律援助机构受理。

第九条　公民申请代理、刑事辩护法律援助，应当如实提交下列申请材料：

（一）法律援助申请表。填写申请表确有困难的，由法律援助机构工作人员或者转交申请的机关、单位工作人员代为填写。

（二）身份证或者其他有效的身份证明，申请代理人还应当提交有代理权的证明。

（三）法律援助申请人经济状况证明表。

（四）与所申请法律援助事项有关的案件材料。

法律援助申请人经济状况证明表应当由法律援助地方性法规、规章规定的有权出具经济困难证明的机关、单位加盖公章。无相关规定的，由申请人住所地或者经常居住地的村民委员会、居民委员会或者所在单位加盖公章。

第十条　申请人持有下列证件、证明材料的，无需提交法律援助申请人经济状况证明表：

（一）城市居民最低生活保障证或者农村居民最低生活保障证；

（二）农村特困户救助证；

（三）农村“五保”供养证；

（四）人民法院给予申请人司法救助的决定；

（五）在社会福利机构中由政府出资供养或者由慈善机构出资供养的证明材料；

（六）残疾证及申请人住所地或者经常居住地的村民委员会、居民委员会出具的无固定生活来源的证明材料；

（七）依靠政府或者单位给付抚恤金生活的证明材料；

（八）因自然灾害等原因导致生活出现暂时困难，正在接受政府临时救济的证明材料；

（九）法律、法规及省、自治区、直辖市人民政府规定的能够证明法律援助申请人经济困难的其他证件、证明材料。

第十一条 被羁押的犯罪嫌疑人、被告人、服刑人员，劳动教养人员、强制隔离戒毒人员申请法律援助的，可以通过办理案件的人民法院、人民检察院、公安机关或者所在监狱、看守所、劳动教养管理所、强制隔离戒毒所转交申请。

第十二条 法律援助机构受理法律援助申请后，应当向申请人出具收到申请材料的书面凭证，载明收到申请材料的名称、数量、日期。

第三章 审　查

第十三条 法律援助机构应当自受理申请之日起7个工作日内进行审查，并作出是否给予法律援助的决定；属于本规定第十四条规定情形的，可以适当延长审查期限。

法律援助机构经审查认为申请人提交的申请材料不齐全或者内容不清楚的，应当发出补充材料通知或者要求申请人作出说明。申请人补充材料、作出说明所需的时间不计入审查期限。申请人未按要求补充材料或者作出说明的，视为撤销申请。

第十四条 法律援助机构认为申请人提交的申请材料需要查证的，应当向有关机关、单位调查核实。

受理申请的法律援助机构需要请求异地法律援助机构协助查证的，按照本规定第二十八条的规定办理。

第十五条 法律援助机构经审查，对于有下列情形之一的，应当认定申请人经济困难：

（一）申请人及与其共同生活的家庭成员的人均收入符合法律援助地方性法规或者省、自治区、直辖市人民政府规定的经济困难标准的；

（二）申请事项的对方当事人是与申请人共同生活的家庭成员，申请人的个人收入符合法律援助地方性法规或者省、自治区、直辖市人民政府规定的经济困难标准的；

（三）申请人持本规定第十条规定的证件、证明材料申请法律援助，法律援助机构经审查认为真实有效的。

第十六条 法律援助机构经审查，对符合法律援助条件的，应当决定给予法律援助，并制作给予法律援助决定书；对不符合法律援助条件的，应当决定不予法律援助，并制作不予法律援助决定书。

不予法律援助决定书应当载明不予法律援助的理由及申请人提出异议的权利。

第十七条 给予法律援助决定书和不予法律援助决定书应当发送申请人；属于本规定第十一条规定情形的，法律援助机构还应当同时函告有关人民法院、人民检察院、公安机关及监狱、看守所、劳动教养管理所、强制隔离戒毒所。

第十八条 申请事项符合《法律援助条例》第十条、第十一条规定，且具有下列情形之一的，法律援助机构可以决定先行提供法律援助：

（一）距法定时效届满不足7日，需要及时提起诉讼或者申请仲裁、行政复议的；

（二）需要立即申请财产保全、证据保全或者先予执行的；

（三）其他紧急或者特殊情况。

先行提供法律援助的，受援人应当在法律援助机构确定的期限内补交规定的申请材料。法律援助机构经审查认为受援人不符合经济困难标准的，应当终止法律援助，并按照本规定第三十三条第二款的规定办理。

第十九条 申请人对法律援助机构不予法律援助的决定有异议的，可以向主管该法律援助机构的司法行政机关提出。

司法行政机关经审查认为申请人符合法律援助条件的，应当以书面形式责令法律援助机构及时对该申请人提供法律援助，同时书面告知申请人；认为申请人不符合法律援助条件的，应当维持法律援助机构不予法律援助的决定，书面告知申请人并说明理由。

第四章 承 办

第二十条 对于民事、行政法律援助案件，法律援助机构应当自作出给予法律援助决定之日起7个工作日内指派律师事务所、基层法律服务所、其他社会组织安排其所属人员承办，或者安排本机构的工作人员承办。

对于刑事法律援助案件，法律援助机构应当自作出给予法律援助决定或者收到指定辩护通知书之日起3个工作日内指派律师事务所安排律师承办，或者安排本机构的法律援助律师承办。

第二十一条 法律援助机构应当根据本机构、律师事务所、基层法律服务所、其他社会组织的人员数量、资质、专业特长、承办法律援助案件的情况、受援人意愿等因素合理指派或者安排承办机构、人员。

法律援助机构、律师事务所应当指派或者安排具有一定年限刑事辩护执业经历的律师担任死刑案件的辩护人。

第二十二条 法律援助机构、律师事务所、基层法律服务所或者其他社会组织应当自指派或者安排法律援助人员之日起5个工作日内将法律援助人员姓名和联系方式告知受援人，并与受援人或者其法定代理人、近亲属签订委托代理协议，但因受援人的原因无法按时签订的除外。

第二十三条 法律援助人员应当在受委托的权限内，通过和解、调解、申请仲裁和提起诉讼等方式依法最大限度维护受援人合法权益。

法律援助人员代理受援人以和解或者调解方式解决纠纷的，应当征得受援人同意。

第二十四条 法律援助机构对公民申请的法律咨询服务，应当即时解答；复杂疑难的，可以与申请人预约择时办理。在解答法律咨询过程中，认为申请人可能符合代理或者刑事辩护法律援助条件的，应当告知其可以依法提出申请。

第二十五条 对于民事诉讼法律援助案件，法律援助人员应当告知受援人可以向人民法院申请司法救助，并提供协助。

第二十六条 法律援助人员会见受援人，应当制作会见笔录。会见笔录应当经受援人确认无误后签名或者按指印；受援人无阅读能力的，法律援助人员应当向受援人宣读笔录，并在笔录上载明。对于指定辩护的案件，法律援助人员应当在首次会见犯罪嫌疑人、被告人时，询问是否同意为其辩护，并记录在案。犯罪嫌疑人、被告人不同意的，应当书面告知人民法院、人民检察院、公安机关和法律援助机构。

第二十七条 法律援助人员承办案件，应当根据需要依法进行调查取证，并可以根据需要请求法律援助机构出具必要的证明文件或者与有关机关、单位进行协调。

第二十八条 法律援助人员认为需要异地调查取证的，可以向作出指派或者安排的法律援助机构报告。作出指派或者安排的法律援助机构可以请求调查取证事项所在地的法律援助机构协作。

法律援助机构请求协作的，应当向被请求的法律援助机构发出协作函件，说明案件基本情况、需要调查取证的事项、办理时限等。被请求的法律援助机构应当予以协作。因客观原因无法协作的，应当向请求协作的法律援助机构书面说明理由。

第二十九条 对于人民法院开庭审理的刑事案件，法律援助人员应当做好开庭前准备；庭审中充分陈述、质证；庭审结束后，法律援助人员应当向人民法院提交刑事辩护或者代理书面意见。

对于人民法院决定不开庭审理的指定辩护案件，法律援助人员应当自收到法律援助机构指派函之日起10日内向人民法院提交刑事辩护书面意见。对于其他不开庭审理的刑事案件，法律援助人员应当按照人民法院规定的期限提交刑事辩护或者代理书面意见。

第三十条 法律援助人员应当向受援人通报案件办理情况，答复受援人询问，并制作通报情况记录。

第三十一条 法律援助人员应当按照法律援助机构要求报告案件承办情况。

法律援助案件有下列情形之一的，法律援助人员应当向法律援助机构报告：

（一）主要证据认定、适用法律等方面有重大疑义的；

（二）涉及群体性事件的；

（三）有重大社会影响的；

（四）其他复杂、疑难情形。

第三十二条 受援人有证据证明法律援助人员不依法履行义务的，可以请求法律援助机构更换法律援助人员。

法律援助机构应当自受援人申请更换之日起5个工作日内决定是否更换。决定更换的，应当另行指派或者安排人员承办。对犯罪嫌疑人、被告人具有应当指定辩护的情形，人民法院、人民检察院、公安机关决定为其另行指定辩护人的，法律援助机构应当另行指派或者安排人员承办。

更换法律援助人员的，原法律援助人员所属单位应当与受援人解除或者变更委托代理协议，原法律援助人员应当与更换后的法律援助人员办理案件材料移交手续。

第三十三条 有下列情形之一的，应当终止法律援助：

（一）受援人不再符合法律援助经济困难标准的；

（二）案件依法终止审理或者被撤销的；

（三）受援人自行委托其他代理人或者辩护人的；

（四）受援人要求终止法律援助的；

（五）受援人利用法律援助从事违法活动的；

（六）受援人故意隐瞒与案件有关的重要事实或者提供虚假证据的；

（七）法律、法规规定应当终止的其他情形。

有上述情形的，法律援助人员应当向法律援助机构报告。法律援助机构经审查核实，决定终止法律援助的，应当制作终止法律援助决定书，并发送受援人，同时函告法律援助人员所属单位和有关机关、单位。法律援助人员所属单位应当与受援人解除委托代理协议。

受援人对法律援助机构终止法律援助的决定有异议的，按照本规定第十九条的规定办理。

第三十四条 法律援助人员应当自法律援助案件结案之日起 30 日内向法律援助机构提交立卷材料。

诉讼案件以法律援助人员收到判决书、裁定书、调解书之日为结案日。仲裁案件或者行政复议案件以法律援助人员收到仲裁裁决书、行政复议决定书原件或者复印件之日为结案日；其他非诉讼法律事务以受援人与对方当事人达成和解、调解协议之日为结案日；无相关文书的，以义务人开始履行义务之日为结案日。法律援助机构终止法律援助的，以法律援助人员所属单位收到终止法律援助决定函之日为结案日。

第三十五条 法律援助机构应当自收到法律援助人员提交的立卷材料之日起 30 日内进行审查。对于立卷材料齐全的，应当按照规定通过法律援助人员所属单位向其支付办案补贴。

第三十六条 作出指派的法律援助机构应当对法律援助人员提交的立卷材料及受理、审查、指派等材料进行整理，一案一卷，统一归档管理。

第五章　附　　则

第三十七条　法律援助机构、律师事务所、基层法律服务所和法律援助人员从事法律援助活动违反本规定的，依照《中华人民共和国律师法》、《法律援助条例》、《律师和律师事务所违法行为处罚办法》等法律、法规和规章的规定追究法律责任。

第三十八条　法律援助文书格式由司法部制定。

第三十九条　本规定自2012年7月1日起施行。

未成年人法律援助服务指引（试行）

（2020年9月16日　司公通〔2020〕12号）

第一章　总　　则

第一条　为有效保护未成年人合法权益，加强未成年人法律援助工作，规范未成年人法律援助案件的办理，依据《中华人民共和国民事诉讼法》《中华人民共和国刑事诉讼法》《中华人民共和国未成年人保护法》《法律援助条例》等法律、法规、规范性文件，制定本指引。

第二条　法律援助承办机构及法律援助承办人员办理未成年人法律援助案件，应当遵守《全国民事行政法律援助服务规范》《全国刑事法律援助服务规范》，参考本指引规定的工作原则和办案要求，提高未成年人法律援助案件的办案质量。

第三条　本指引适用于法律援助承办机构、法律援助承办人员办理性侵害未成年人法律援助案件、监护人侵害未成年人权益法律援助案件、学生伤害事故法律援助案件和其他侵害未成年人合法权益的法律援助案件。

其他接受委托办理涉及未成年人案件的律师，可以参照执行。

第四条　未成年人法律援助工作应当坚持最有利于未成年人的原

则，遵循给予未成年人特殊、优先保护，尊重未成年人人格尊严，保护未成年人隐私权和个人信息，适应未成年人身心发展的规律和特点，听取未成年人的意见，保护与教育相结合等原则；兼顾未成年犯罪嫌疑人、被告人、被害人权益的双向保护，避免未成年人受到二次伤害，加强跨部门多专业合作，积极寻求相关政府部门、专业机构的支持。

第二章　基本要求

第五条　法律援助机构指派未成年人案件时，应当优先指派熟悉未成年人身心特点、熟悉未成年人法律业务的承办人员。未成年人为女性的性侵害案件，应当优先指派女性承办人员办理。重大社会影响或疑难复杂案件，法律援助机构可以指导、协助法律援助承办人员向办案机关寻求必要支持。有条件的地区，法律援助机构可以建立未成年人法律援助律师团队。

第六条　法律援助承办人员应当在收到指派通知书之日起 5 个工作日内会见受援未成年人及其法定代理人（监护人）或近亲属并进行以下工作：

（一）了解案件事实经过、司法程序处理背景、争议焦点和诉讼时效、受援未成年人及其法定代理人（监护人）诉求、案件相关证据材料及证据线索等基本情况；

（二）告知其法律援助承办人员的代理、辩护职责、受援未成年人及其法定代理人（监护人）在诉讼中的权利和义务、案件主要诉讼风险及法律后果；

（三）发现未成年人遭受暴力、虐待、遗弃、性侵害等侵害的，可以向公安机关进行报告，同时向法律援助机构报备，可以为其寻求救助庇护和专业帮助提供协助；

（四）制作谈话笔录，并由受援未成年人及其法定代理人（监护人）或近亲属共同签名确认。未成年人无阅读能力或尚不具备理解认知能力的，法律援助承办人员应当向其宣读笔录，由其法定代理人

（监护人）或近亲属代签，并在笔录上载明。

（五）会见受援未成年人时，其法定代理人（监护人）或近亲属至少应有一人在场，会见在押未成年人犯罪嫌疑人、被告人除外；会见受援未成年人的法定代理人（监护人）时，如有必要，受援未成年人可以在场。

第七条 法律援助承办人员办理未成年人案件的工作要求：

（一）与未成年人沟通时不得使用批评性、指责性、侮辱性以及有损人格尊严等性质的语言；

（二）会见未成年人，优先选择未成年人住所或者其他让未成年人感到安全的场所；

（三）会见未成年当事人或未成年证人，应当通知其法定代理人（监护人）或者其他成年亲属等合适成年人到场；

（四）保护未成年人隐私权和个人信息，不得公开涉案未成年人和未成年被害人的姓名、影像、住所、就读学校以及其他可能推断、识别身份信息的其他资料信息；

（五）重大、复杂、疑难案件，应当提请律师事务所或法律援助机构集体讨论，提请律师事务所讨论的，应当将讨论结果报告法律援助机构。

第三章 办理性侵害未成年人案件

第八条 性侵害未成年人犯罪，包括刑法第二百三十六条、第二百三十七条、第三百五十八条、第三百五十九条规定的针对未成年人实施的强奸罪，猥亵他人罪，猥亵儿童罪，组织卖淫罪，强迫卖淫罪，引诱、容留、介绍卖淫罪，引诱幼女卖淫罪等案件。

第九条 法律援助承办人员办理性侵害未成年人案件的工作要求：

（一）法律援助承办人员需要询问未成年被害人的，应当采取和缓、科学的询问方式，以一次、全面询问为原则，尽可能避免反复询问。法律援助承办人员可以建议办案机关在办理案件时，推行全程录音录像制度，以保证被害人陈述的完整性、准确性和真实性；

（二）法律援助承办人员应当向未成年被害人及其法定代理人（监护人）释明刑事附带民事诉讼的受案范围，协助未成年被害人提起刑事附带民事诉讼。法律援助承办人员应当根据未成年被害人的诉讼请求，指引、协助未成年被害人准备证据材料；

（三）法律援助承办人员办理性侵害未成年人案件时，应当于庭审前向人民法院确认案件不公开审理。

第十条 法律援助承办人员发现公安机关在处理性侵害未成年人犯罪案件应当立案而不立案的，可以协助未成年被害人及其法定代理人（监护人）向人民检察院申请立案监督或协助向人民法院提起自诉。

第十一条 法律援助承办人员可以建议办案机关对未成年被害人的心理伤害程度进行社会评估，辅以心理辅导、司法救助等措施，修复和弥补未成年被害人身心伤害；发现未成年被害人存在心理、情绪异常的，应当告知其法定代理人（监护人）为其寻求专业心理咨询与疏导。

第十二条 对于低龄被害人、证人的陈述的证据效力，法律援助承办人员可以建议办案机关结合被害人、证人的心智发育程度、表达能力，以及所处年龄段未成年人普遍的表达能力和认知能力进行客观的判断，对待证事实与其年龄、智力状况或者精神健康状况相适应的未成年人陈述、证言，应当建议办案机关依法予以采信，不能轻易否认其证据效力。

第十三条 在未成年被害人、证人确有必要出庭的案件中，法律援助承办人员应当建议人民法院采取必要保护措施，不暴露被害人、证人的外貌、真实声音，有条件的可以采取视频等方式播放被害人的陈述、证人证言，避免未成年被害人、证人与被告人接触。

第十四条 庭审前，法律援助承办人员应当认真做好下列准备工作：

（一）在举证期限内向人民法院提交证据清单及证据，准备证据材料；

（二）向人民法院确认是否存在证人、鉴定人等出庭作证情况，拟定对证人、鉴定人的询问提纲；

（三）向人民法院确认刑事附带民事诉讼被告人是否有证据提交，拟定质证意见；

（四）拟定对证言笔录、鉴定人的鉴定意见、勘验笔录和其他作为证据的文书的质证意见；

（五）准备辩论意见；

（六）向被害人及其法定代理人（监护人）了解是否有和解或调解方案，并充分向被害人及其法定代理人（监护人）进行法律释明后，向人民法院递交方案；

（七）向被害人及其法定代理人（监护人）介绍庭审程序，使其了解庭审程序、庭审布局和有关注意事项。

第十五条 法律援助承办人员办理性侵害未成年人案件，应当了解和审查以下关键事实：

（一）了解和严格审查未成年被害人是否已满十二周岁、十四周岁的关键事实，正确判断犯罪嫌疑人、被告人是否“明知”或者“应当知道”未成年被害人为幼女的相关事实；

（二）了解和审查犯罪嫌疑人、被告人是否属于对未成年被害人负有“特殊职责的人员”；

（三）准确了解性侵害未成年人案发的地点、场所等关键事实，正确判断是否属于“在公共场所当众”性侵害未成年人。

第十六条 办理利用网络对儿童实施猥亵行为的案件时，法律援助承办人员应指导未成年被害人及其法定代理人（监护人）及时收集、固定能够证明行为人出于满足性刺激的目的，利用网络采取诱骗、强迫或者其他方法要求被害人拍摄、传送暴露身体的不雅照片、视频供其观看等相关事实方面的电子数据，并向办案机关报告。

第十七条 性侵害未成年人犯罪具有《关于依法惩治性侵害未成年人犯罪的意见》第25条规定的情形之一以及第26条第二款规定的情形的，法律援助承办人员应当向人民法院提出依法从重从严惩处的建议。

第十八条 对于犯罪嫌疑人、被告人利用职业便利、违背职业要求的特定义务性侵害未成年人的，法律援助承办人员可以建议人民法院在作出判决时对其宣告从业禁止令。

第十九条 发生在家庭内部的性侵害案件，为确保未成年被害人的安全，法律援助承办人员可以建议办案机关依法对未成年被害人进行紧急安置，避免再次受到侵害。

第二十条 对监护人性侵害未成年人的案件，法律援助承办人员可以建议人民检察院、人民法院向有关部门发出检察建议或司法建议，建议有关部门依法申请撤销监护人资格，为未成年被害人另行指定其他监护人。

第二十一条 发生在学校的性侵害未成年人的案件，在未成年被害人不能正常在原学校就读时，法律援助承办人员可以建议其法定代理人（监护人）向教育主管部门申请为其提供教育帮助或安排转学。

第二十二条 未成年人在学校、幼儿园、教育培训机构等场所遭受性侵害，在依法追究犯罪人员法律责任的同时，法律援助承办人员可以帮助未成年被害人及其法定代理人（监护人）要求上述单位依法承担民事赔偿责任。

第二十三条 从事住宿、餐饮、娱乐等的组织和人员如果没有尽到合理限度范围内的安全保障义务，与未成年被害人遭受性侵害具有因果关系时，法律援助承办人员可以建议未成年被害人及其法定代理人（监护人）向安全保障义务人提起民事诉讼，要求其承担与其过错相应的民事补充赔偿责任。

第二十四条 法律援助承办人员办理性侵害未成年人附带民事诉讼案件，应当配合未成年被害人及其法定代理人（监护人）积极与犯罪嫌疑人、被告人协商、调解民事赔偿，为未成年被害人争取最大限度的民事赔偿。

犯罪嫌疑人、被告人以经济赔偿换取未成年被害人翻供或者撤销案件的，法律援助承办人员应当予以制止，并充分释明法律后果，告知未成年被害人及其法定代理人（监护人）法律风险。未成年被害人及其法定代理人（监护人）接受犯罪嫌疑人、被告人前述条件，法律援助承办人员可以拒绝为其提供法律援助服务，并向法律援助机构报告；法律援助机构核实后应当终止本次法律援助服务。

未成年被害人及其法定代理人（监护人）要求严惩犯罪嫌疑人、被告人，放弃经济赔偿的，法律援助承办人员应当尊重其决定。

第二十五条 未成年被害人及其法定代理人（监护人）提出精神损害赔偿的，法律援助承办人员应当注意收集未成年被害人因遭受性侵害导致精神疾病或者心理伤害的证据，将其精神损害和心理创伤转化为接受治疗、辅导而产生的医疗费用，依法向犯罪嫌疑人、被告人提出赔偿请求。

第二十六条 对未成年被害人因性侵害犯罪造成人身损害，不能及时获得有效赔偿，生活困难的，法律援助承办人员可以帮助未成年被害人及其法定代理人（监护人）、近亲属，依法向办案机关提出司法救助申请。

第四章 办理监护人侵害未成年人权益案件

第二十七条 监护人侵害未成年人权益案件，是指父母或者其他监护人（以下简称监护人）性侵害、出卖、遗弃、虐待、暴力伤害未成年人，教唆、利用未成年人实施违法犯罪行为，胁迫、诱骗、利用未成年人乞讨，以及不履行监护职责严重危害未成年人身心健康等行为。

第二十八条 法律援助承办人员发现监护侵害行为可能构成虐待罪、遗弃罪的，应当告知未成年人及其他监护人、近亲属或村（居）民委员会等有关组织有权告诉或代为告诉。

未成年被害人没有能力告诉，或者因受到强制、威吓无法告诉的，法律援助承办人员应当告知其近亲属或村（居）委员会等有关组织代为告诉或向公安机关报案。

第二十九条 法律援助承办人员发现公安机关处理监护侵害案件应当立案而不立案的，可以协助当事人向人民检察院申请立案监督或协助向人民法院提起自诉。

第三十条 办案过程中，法律援助承办人员发现未成年人身体受到严重伤害、面临严重人身安全威胁或者处于无人照料等危险状态的，应当建议公安机关将其带离实施监护侵害行为的监护人，就近护送至其他监护人、亲属、村（居）民委员会或者未成年人救助保护机构。

第三十一条 监护侵害行为情节较轻，依法不给予治安管理处罚的，法律援助承办人员可以协助未成年人的其他监护人、近亲属要求公安机关对加害人给予批评教育或者出具告诫书。

第三十二条 公安机关将告诫书送交加害人、未成年受害人，以及通知村（居）民委员会后，法律援助承办人员应当建议村（居）民委员会、公安派出所对收到告诫书的加害人，未成年受害人进行查访、监督加害人不再实施家庭暴力。

第三十三条 未成年人遭受监护侵害行为或者面临监护侵害行为的现实危险，法律援助承办人员应当协助其他监护人、近亲属，向未成年人住所地、监护人住所地或者侵害行为地基层人民法院，申请人身安全保护令。

第三十四条 法律援助承办人员应当协助受侵害未成年人搜集公安机关出警记录、告诫书、伤情鉴定意见等证据。

第三十五条 法律援助承办人员代理申请人身安全保护令时，可依法提出如下请求：

（一）禁止被申请人实施家庭暴力；

（二）禁止被申请人骚扰、跟踪、接触申请人及其相关近亲属；

（三）责令被申请人迁出申请人住所；

（四）保护申请人人身安全的其他措施。

第三十六条 人身安全保护令失效前，法律援助承办人员可以根据申请人要求，代理其向人民法院申请撤销、变更或者延长。

第三十七条 发现监护人具有民法典第三十六条、《关于依法处理监护人侵害未成年人权益行为若干问题的意见》第三十五条规定的情形之一的，法律援助承办人员可以建议其他具有监护资格的人、居（村）民委员会、学校、医疗机构、妇联、共青团、未成年人保护组织、民政部门等个人或组织，向未成年人住所地、监护人住所地或者侵害行为地基层人民法院申请撤销原监护人监护资格，依法另行指定监护人。

第三十八条 法律援助承办人员承办申请撤销监护人资格案件，可以协助申请人向人民检察院申请支持起诉。申请支持起诉的，应当向人民检察院提交申请支持起诉书，撤销监护人资格申请书、身份证明材料及案件所有证据材料复印件。

第三十九条 有关个人和组织向人民法院申请撤销监护人资格前，法律援助承办人员应当建议其听取有表达能力的未成年人的意见。

第四十条 法律援助承办人员承办申请撤销监护人资格案件，在接受委托后，应撰写撤销监护人资格申请书。申请书应当包括申请人及被申请人信息、申请事项、事实与理由等内容。

第四十一条 法律援助承办人员办理申请撤销监护人资格的案件，应当向人民法院提交相关证据，并协助社会服务机构递交调查评估报告。该报告应当包含未成年人基本情况，监护存在问题，监护人悔过情况，监护人接受教育、辅导情况，未成年人身心健康状况以及未成年人意愿等内容。

第四十二条 法律援助承办人员根据实际需要可以向人民法院申请聘请适当的社会人士对未成年人进行社会观护，引入心理疏导和测评机制，组织专业社会工作者、儿童心理问题专家等专业人员参与诉讼，为受侵害未成年人和被申请人提供心理辅导和测评服务。

第四十三条 法律援助承办人员应当建议人民法院根据最有利于未成年人的原则，在民法典第二十七条规定的人员和单位中指定监护人。没有依法具有监护资格的人的，建议人民法院依据民法典第三十二条规定指定民政部门担任监护人，也可以指定具备履行监护职责条件的被监护人住所地的村（居）民委员会担任监护人。

第四十四条 法律援助承办人员应当告知现任监护人有权向人民法院提起诉讼，要求被撤销监护人资格的父母继续负担被监护人的抚养费。

第四十五条 判决不撤销监护人资格的，法律援助承办人员根据《关于依法处理监护人侵害未成年人权益行为若干问题的意见》有关要求，可以协助有关个人和部门加强对未成年人的保护和对监护人的监督指导。

第四十六条 具有民法典第三十八条、《关于依法处理监护人侵害未成年人权益行为若干问题的意见》第四十条规定的情形之一的，法律援助承办人员可以向人民法院提出不得判决恢复其监护人资格的建议。

第五章 办理学生伤害事故案件

第四十七条 学生伤害事故案件，是指在学校、幼儿园或其他教育机构（以下简称教育机构）实施的教育教学活动或者组织的校外活动中，以及在教育机构负有管理责任的校舍、场地、其他教育教学设施、生活设施内发生的，造成在校学生人身损害后果的事故。

第四十八条 办理学生伤害事故案件，法律援助承办人员可以就以下事实进行审查：

（一）受侵害未成年人与学校、幼儿园或其他教育机构之间是否存在教育法律关系；

（二）是否存在人身损害结果和经济损失，教育机构、受侵害未成年人或者第三方是否存在过错，教育机构行为与受侵害未成年人损害结果之间是否存在因果关系；

（三）是否超过诉讼时效，是否存在诉讼时效中断、中止或延长的事由。

第四十九条 法律援助承办人员应当根据以下不同情形，告知未成年人及其法定代理人（监护人）相关的责任承担原则：

（一）不满八周岁的无民事行为能力人在教育机构学习、生活期间受到人身损害的，教育机构依据民法典第一千一百九十九条的规定承担过错推定责任；

（二）已满八周岁不满十八周岁的限制民事责任能力人在教育机构学习、生活期间受到人身损害的，教育机构依据民法典第一千二百条的规定承担过错责任；

（三）因教育机构、学生或者其他相关当事人的过错造成的学生伤害事故，相关当事人应当根据其行为过错程度的比例及其与损害结果之间的因果关系承担相应的责任。

第五十条 办理学生伤害事故案件，法律援助承办人员应当调查了解教育机构是否具备办学许可资格，教师或者其他工作人员是否具备职业资格，注意审查和收集能够证明教育机构存在《学生伤害事故处理办法》第九条规定的过错情形的证据。

第五十一条 办理《学生伤害事故处理办法》第十条规定的学生伤害事故案件，法律援助承办人员应当如实告知未成年人及其法定代理人（监护人）可能存在由其承担法律责任的诉讼风险。

第五十二条 办理《学生伤害事故处理办法》第十二条、第十三条规定的学生伤害事故案件，法律援助承办人员应当注意审查和收集教育机构是否已经履行相应职责或行为有无不当。教育机构已经履行相应职责或行为并无不当的，法律援助承办人员应当告知未成年人及其法定代理人（监护人），案件可能存在教育机构不承担责任的诉讼风险。

第五十三条 未成年人在教育机构学习、生活期间，受到教育机构以外的人员人身损害的，法律援助承办人员应当告知未成年人及其法定代理人（监护人）由侵权人承担侵权责任，教育机构未尽到管理职责的，承担相应的补充责任。

第五十四条 办理涉及教育机构侵权案件，法律援助承办人员可以采取以下措施：

（一）关注未成年人的受教育权，发现未成年人因诉讼受到教育机构及教职员工不公正对待的，及时向教育行政主管部门和法律援助机构报告；

（二）根据案情需要，可以和校方协商，或者向教育行政主管部门申请调解，并注意疏导家属情绪，积极参与调解，避免激化矛盾；

（三）可以调查核实教育机构和未成年人各自参保及保险理赔情况。

第五十五条 涉及校园重大安全事故、严重体罚、虐待、学生欺凌、性侵害等可能构成刑事犯罪的案件，法律援助承办人员可以向公安机关报告，或者协助未成年人及其法定代理人（监护人）向公安机关报告，并向法律援助机构报备。

第六章 附 则

第五十六条 本指引由司法部公共法律服务管理局与中华全国律师协会负责解释，自公布之日起试行。

法律援助值班律师工作办法

（2020年8月20日 司规〔2020〕6号）

第一章 总 则

第一条 为保障犯罪嫌疑人、被告人依法享有的诉讼权利，加强人权司法保障，进一步规范值班律师工作，根据《中华人民共和国刑事诉讼法》《中华人民共和国律师法》等规定，制定本办法。

第二条 本办法所称值班律师，是指法律援助机构在看守所、人民检察院、人民法院等场所设立法律援助工作站，通过派驻或安排的方式，为没有辩护人的犯罪嫌疑人、被告人提供法律帮助的律师。

第三条 值班律师工作应当坚持依法、公平、公正、效率的原则，值班律师应当提供符合标准的法律服务。

第四条 公安机关（看守所）、人民检察院、人民法院、司法行政机关应当保障没有辩护人的犯罪嫌疑人、被告人获得值班律师法律帮助的权利。

第五条 值班律师工作由司法行政机关牵头组织实施，公安机关（看守所）、人民检察院、人民法院应当依法予以协助。

第二章 值班律师工作职责

第六条 值班律师依法提供以下法律帮助：

（一）提供法律咨询；

（二）提供程序选择建议；

（三）帮助犯罪嫌疑人、被告人申请变更强制措施；

（四）对案件处理提出意见；

（五）帮助犯罪嫌疑人、被告人及其近亲属申请法律援助；

（六）法律法规规定的其他事项。

值班律师在认罪认罚案件中，还应当提供以下法律帮助：

（一）向犯罪嫌疑人、被告人释明认罪认罚的性质和法律规定；

（二）对人民检察院指控罪名、量刑建议、诉讼程序适用等事项提出意见；

（三）犯罪嫌疑人签署认罪认罚具结书时在场。

值班律师办理案件时，可以应犯罪嫌疑人、被告人的约见进行会见，也可以经办案机关允许主动会见；自人民检察院对案件审查起诉之日起可以查阅案卷材料、了解案情。

第七条 值班律师提供法律咨询时，应当告知犯罪嫌疑人、被告人有关法律帮助的相关规定，结合案件所在的诉讼阶段解释相关诉讼权利和程序规定，解答犯罪嫌疑人、被告人咨询的法律问题。

犯罪嫌疑人、被告人认罪认罚的，值班律师应当了解犯罪嫌疑人、被告人对被指控的犯罪事实和罪名是否有异议，告知被指控罪名的法定量刑幅度，释明从宽从重处罚的情节以及认罪认罚的从宽幅度，并结合案件情况提供程序选择建议。

值班律师提供法律咨询的，应当记录犯罪嫌疑人、被告人涉嫌的罪名、咨询的法律问题、提供的法律解答。

第八条 在审查起诉阶段，犯罪嫌疑人认罪认罚的，值班律师可以就以下事项向人民检察院提出意见：

（一）涉嫌的犯罪事实、指控罪名及适用的法律规定；

（二）从轻、减轻或者免除处罚等从宽处罚的建议；

（三）认罪认罚后案件审理适用的程序；

（四）其他需要提出意见的事项。

值班律师对前款事项提出意见的，人民检察院应当记录在案并附卷，未采纳值班律师意见的，应当说明理由。

第九条 犯罪嫌疑人、被告人提出申请羁押必要性审查的，值班律师应当告知其取保候审、监视居住、逮捕等强制措施的适用条件和相关法律规定、人民检察院进行羁押必要性审查的程序；犯罪嫌疑人、被告人已经被逮捕的，值班律师可以帮助其向人民检察院提出羁押必要性审查申请，并协助提供相关材料。

第十条 犯罪嫌疑人签署认罪认罚具结书时，值班律师对犯罪嫌疑人认罪认罚自愿性、人民检察院量刑建议、程序适用等均无异议的，应当在具结书上签名，同时留存一份复印件归档。

值班律师对人民检察院量刑建议、程序适用有异议的，在确认犯罪嫌疑人系自愿认罪认罚后，应当在具结书上签字，同时可以向人民检察院提出法律意见。

犯罪嫌疑人拒绝值班律师帮助的，值班律师无需在具结书上签字，应当将犯罪嫌疑人签字拒绝法律帮助的书面材料留存一份归档。

第十一条 对于被羁押的犯罪嫌疑人、被告人，在不同诉讼阶段，可以由派驻看守所的同一值班律师提供法律帮助。对于未被羁押的犯罪嫌疑人、被告人，前一诉讼阶段的值班律师可以在后续诉讼阶段继续为犯罪嫌疑人、被告人提供法律帮助。

第三章　法律帮助工作程序

第十二条　公安机关、人民检察院、人民法院应当在侦查、审查起诉和审判各阶段分别告知没有辩护人的犯罪嫌疑人、被告人有权约见值班律师获得法律帮助，并为其约见值班律师提供便利。

第十三条　看守所应当告知犯罪嫌疑人、被告人有权约见值班律师，并为其约见值班律师提供便利。

看守所应当将值班律师制度相关内容纳入在押人员权利义务告知书，在犯罪嫌疑人、被告人入所时告知其有权获得值班律师的法律帮助。

犯罪嫌疑人、被告人要求约见值班律师的，可以书面或者口头申请。书面申请的，看守所应当将其填写的法律帮助申请表及时转交值班律师。口头申请的，看守所应当安排代为填写法律帮助申请表。

第十四条　犯罪嫌疑人、被告人没有委托辩护人并且不符合法律援助机构指派律师为其提供辩护的条件，要求约见值班律师的，公安机关、人民检察院、人民法院应当及时通知法律援助机构安排。

第十五条　依法应当通知值班律师提供法律帮助而犯罪嫌疑人、被告人明确拒绝的，公安机关、人民检察院、人民法院应当记录在案。

前一诉讼程序犯罪嫌疑人、被告人明确拒绝值班律师法律帮助的，后一诉讼程序的办案机关仍需告知其有权获得值班律师法律帮助的权利，有关情况应当记录在案。

第十六条　公安机关、人民检察院、人民法院需要法律援助机构通知值班律师为犯罪嫌疑人、被告人提供法律帮助的，应当向法律援助机构出具法律帮助通知书，并附相关法律文书。

单次批量通知的，可以在一份法律帮助通知书后附多名犯罪嫌疑人、被告人相关信息的材料。

除通知值班律师到羁押场所提供法律帮助的情形外，人民检察院、人民法院可以商法律援助机构简化通知方式和通知手续。

第十七条 司法行政机关和法律援助机构应当根据当地律师资源状况、法律帮助需求，会同看守所、人民检察院、人民法院合理安排值班律师的值班方式、值班频次。

值班方式可以采用现场值班、电话值班、网络值班相结合的方式。现场值班的，可以采取固定专人或轮流值班，也可以采取预约值班。

第十八条 法律援助机构应当综合律师政治素质、业务能力、执业年限等确定值班律师人选，建立值班律师名册或值班律师库。并将值班律师库或名册信息、值班律师工作安排，提前告知公安机关（看守所）、人民检察院、人民法院。

第十九条 公安机关、人民检察院、人民法院应当在确定的法律帮助日期前三个工作日，将法律帮助通知书送达法律援助机构，或者直接送达现场值班律师。

该期间没有安排现场值班律师的，法律援助机构应当自收到法律帮助通知书之日起两个工作日内确定值班律师，并通知公安机关、人民检察院、人民法院。

公安机关、人民检察院、人民法院和法律援助机构之间的送达及通知方式，可以协商简化。

适用速裁程序的案件、法律援助机构需要跨地区调配律师等特殊情形的通知和指派时限，不受前款限制。

第二十条 值班律师在人民检察院、人民法院现场值班的，应当按照法律援助机构的安排，或者人民检察院、人民法院送达的通知，及时为犯罪嫌疑人、被告人提供法律帮助。

犯罪嫌疑人、被告人提出法律帮助申请，看守所转交给现场值班律师的，值班律师应当根据看守所的安排及时提供法律帮助。

值班律师通过电话、网络值班的，应当及时提供法律帮助，疑难案件可以另行预约咨询时间。

第二十一条 侦查阶段，值班律师可以向侦查机关了解犯罪嫌疑人涉嫌的罪名及案件有关情况；案件进入审查起诉阶段后，值班律师可以查阅案卷材料，了解案情，人民检察院、人民法院应当及时安排，并提供便利。已经实现卷宗电子化的地方，人民检察院、人民法院可以安排在线阅卷。

第二十二条 值班律师持律师执业证或者律师工作证、法律帮助申请表或者法律帮助通知书到看守所办理法律帮助会见手续，看守所应当及时安排会见。

危害国家安全犯罪、恐怖活动犯罪案件，侦查期间值班律师会见在押犯罪嫌疑人的，应当经侦查机关许可。

第二十三条 值班律师提供法律帮助时，应当出示律师执业证或者律师工作证或者相关法律文书，表明值班律师身份。

第二十四条 值班律师会见犯罪嫌疑人、被告人时不被监听。

第二十五条 值班律师在提供法律帮助过程中，犯罪嫌疑人、被告人向值班律师表示愿意认罪认罚的，值班律师应当及时告知相关的公安机关、人民检察院、人民法院。

第四章 值班律师工作保障

第二十六条 在看守所、人民检察院、人民法院设立的法律援助工作站，由同级司法行政机关所属的法律援助机构负责派驻并管理。

看守所、人民检察院、人民法院等机关办公地点临近的，法律援助机构可以设立联合法律援助工作站派驻值班律师。

看守所、人民检察院、人民法院应当为法律援助工作站提供必要办公场所和设施。有条件的人民检察院、人民法院，可以设置认罪认罚等案件专门办公区域，为值班律师设立专门会见室。

第二十七条 法律援助工作站应当公示法律援助条件及申请程序、值班律师工作职责、当日值班律师基本信息等，放置法律援助格式文书及宣传资料。

第二十八条 值班律师提供法律咨询、查阅案卷材料、会见犯罪嫌疑人或者被告人、提出书面意见等法律帮助活动的相关情况应当记录在案，并随案移送。

值班律师应当将提供法律帮助的情况记入工作台账或者形成工作卷宗，按照规定时限移交法律援助机构。

公安机关（看守所）、人民检察院、人民法院应当与法律援助机构确定工作台账格式，将值班律师履行职责情况记录在案，并定期移送法律援助机构。

第二十九条 值班律师提供法律帮助时，应当遵守相关法律法规、执业纪律和职业道德，依法保守国家秘密、商业秘密和个人隐私，不得向他人泄露工作中掌握的案件情况，不得向受援人收取财物或者谋取不正当利益。

第三十条 司法行政机关应当会同财政部门，根据直接费用、基本劳务费等因素合理制定值班律师法律帮助补贴标准，并纳入预算予以保障。

值班律师提供法律咨询、转交法律援助申请等法律帮助的补贴标准按工作日计算；为认罪认罚案件的犯罪嫌疑人、被告人提供法律帮助的补贴标准，由各地结合本地实际情况按件或按工作日计算。

法律援助机构应当根据值班律师履行工作职责情况，按照规定支付值班律师法律帮助补贴。

第三十一条 法律援助机构应当建立值班律师准入和退出机制，建立值班律师服务质量考核评估制度，保障值班律师服务质量。

法律援助机构应当建立值班律师培训制度，值班律师首次上岗前应当参加培训，公安机关、人民检察院、人民法院应当提供协助。

第三十二条 司法行政机关和法律援助机构应当加强本行政区域值班律师工作的监督和指导。对律师资源短缺的地区，可采取在省、市范围内统筹调配律师资源，建立政府购买值班律师服务机制等方式，保障值班律师工作有序开展。

第三十三条 司法行政机关会同公安机关、人民检察院、人民法院建立值班律师工作会商机制，明确专门联系人，及时沟通情况，协调解决相关问题。

第三十四条 司法行政机关应当加强对值班律师的监督管理，对表现突出的值班律师给予表彰；对违法违纪的值班律师，依职权或移送有权处理机关依法依规处理。

法律援助机构应当向律师协会通报值班律师履行职责情况。

律师协会应当将值班律师履行职责、获得表彰情况纳入律师年度考核及律师诚信服务记录，对违反职业道德和执业纪律的值班律师依法依规处理。

第五章 附 则

第三十五条 国家安全机关、中国海警局、监狱履行刑事诉讼法规定职责，涉及值班律师工作的，适用本办法有关公安机关的规定。

第三十六条 本办法自发布之日起施行。《关于开展法律援助值班律师工作的意见》（司发通〔2017〕84号）同时废止。

关于完善法律援助补贴标准的指导意见

（2019年2月15日 司发通〔2019〕27号）

为深入贯彻落实党的十九大和十九届二中、三中全会精神，贯彻落实中共中央办公厅、国务院办公厅《关于完善法律援助制度的意见》（中办发［2015］37号）文件精神，指导地方合理确定和及时调整法律援助补贴标准，调动社会律师等法律援助事项承办人员开展法律援助工作的积极性，更好地满足人民群众法律援助需求，现就完善法律援助补贴标准提出如下意见。

一、法律援助补贴，是指法律援助机构按照规定支付给社会律师、基层法律服务工作者、社会组织人员等法律援助事项承办人员（不含法律援助机构工作人员，以及其他承办法律援助事项的具有公职身份的基层法律服务工作者、社会组织人员）所属单位的费用。

二、法律援助补贴标准是核定法律援助经费的重要依据，由省、自治区、直辖市人民政府司法行政部门会同同级财政部门，或者授权市、县级人民政府司法行政部门会同同级财政部门，结合当地经济社会发展水平，根据承办法律援助事项直接费用、基本劳务费用等因素确定。

三、根据法律援助的不同服务形式，可以分别制定办案补贴标准、值班律师法律帮助补贴标准、法律咨询补贴标准。

区分法律援助的不同服务形式，根据服务过程中实际产生的差旅费、邮电费、印刷费、调查取证费、翻译费、公证费、鉴定费等因素确定直接费用。差旅费中包含的交通、食宿费用参照党政机关差旅费有关标准予以测算。邮电费、印刷费、调查取证费等由各地结合实际情况确定。翻译费、公证费、鉴定费经法律援助机构核实后予以安排。

基本劳务费用根据日平均工资、服务天数等因素确定。其中，日平均工资参照上一年度本地在岗职工年平均工资除以年工作日所得或其一定系数。

四、办案补贴标准，是指办理民事、刑事、行政代理或者辩护法律援助案件的补贴标准。

民事、刑事、行政法律援助案件以一件代理或者辩护事项为一件案件，根据承办同类法律援助案件平均耗费的天数，按件计算。同一事项处于不同阶段法律程序的，每一阶段按一件案件计算。同一案件有2个以上受援人的，以相应案件补贴标准为基数，适当增加补贴。

五、值班律师法律帮助补贴标准，是指法律援助机构派驻在人民法院、人民检察院、看守所的值班律师，为没有辩护人的犯罪嫌疑人、刑事被告人提供法律咨询、转交法律援助申请等法律帮助的补贴标准，按工作日计算。

值班律师为认罪认罚案件的犯罪嫌疑人、被告人提供法律帮助的补贴标准，由各地结合本地实际情况按件或者按工作日计算。

六、法律咨询补贴标准，是指提供接待来访、接听电话、在线解答咨询服务的补贴标准，按工作日计算。

七、地方法律援助法规规章规定的其他服务形式的法律援助事项补贴标准，由各地结合本地实际情况，参照上述办法确定。

八、建立健全法律援助补贴标准动态调整机制。法律援助事项直接费用、基本劳务费用等发生较大变化时，应当及时调整法律援助补贴标准。

九、逐步推行补贴与服务质量挂钩的差别补贴。法律援助机构可以各项补贴标准为基准，根据服务质量上下浮动一定比例，确定不同级别补贴标准，促进提高服务质量。

十、各级人民政府司法行政部门和财政部门要严格执行本地区法律援助补贴标准，确保相关经费保障政策措施落到实处，督促法律援助机构严格按照规定标准及时、足额支付，不得截留，促进法律援助事业健康发展。

十一、健全信息公开和监督机制。各地要全面及时公开法律援助补贴标准，畅通投诉举报渠道，主动接受社会监督。

法律援助志愿者管理办法

（2021 年 12 月 31 日）

第一章　总　则

第一条　为鼓励和规范社会力量参与法律援助志愿服务，保障法律援助志愿者、志愿服务对象及法律援助机构等招募单位的合法权益，发展法律援助志愿服务事业，根据《中华人民共和国法律援助法》《志愿服务条例》等规定，制定本办法。

第二条　本办法适用于由法律援助机构或受其委托的事业单位、社会组织，以及工会、共产主义青年团、妇女联合会、残疾人联合会等群团组织，组织招募志愿者开展的法律援助志愿服务活动。

本办法不适用于公民自行开展的公益法律服务。

第三条　本办法所称法律援助志愿者，是指根据法律援助机构等单位安排，运用自身专业知识和技能无偿提供法律援助及相关服务的公民。

第四条 开展法律援助志愿服务，应当遵循自愿、无偿、平等、诚信、合法的原则，不得违背社会公德、损害社会公共利益和他人合法权益。

第五条 司法行政、财政、民政、教育、卫生健康（老龄办）、共产主义青年团等部门和单位应当采取措施，鼓励公民提供法律援助志愿服务。

第六条 国务院司法行政部门指导、监督全国的法律援助志愿服务活动。县级以上地方人民政府司法行政部门指导、监督本行政区域的法律援助志愿服务活动。

法律援助机构负责组织实施法律援助志愿服务活动，可以委托事业单位、社会组织招募法律援助志愿者，开展法律援助志愿服务活动。

第二章 服务范围和申请条件

第七条 根据自身专业知识和技能情况，法律援助志愿者可以提供下列服务：

（一）法律咨询、代拟法律文书、刑事辩护与代理、民事案件、行政案件、国家赔偿案件的诉讼代理及非诉讼代理、值班律师法律帮助、劳动争议调解与仲裁代理等法律援助服务；

（二）为受援人提供外语、少数民族语言翻译、心理疏导等相关服务；

（三）为有需要的残疾受援人提供盲文、手语翻译等无障碍服务；

（四）为法律援助经费筹集提供支持，参与法律援助的宣传、培训、理论研究、案件质量评估等工作。

第八条 公民申请成为法律援助志愿者，应当年满18周岁，具有奉献精神，遵纪守法，热爱法律援助和志愿服务事业。

第九条 申请提供刑事辩护与代理和值班律师法律帮助的法律援

助志愿者，应当提供律师执业证书。

申请提供心理疏导、翻译服务的法律援助志愿者，一般需提供职业资格证书或学历学位证书。

第十条 有下列情形之一的，法律援助机构等招募单位不得审核其成为法律援助志愿者：

（一）无民事行为能力或者限制民事行为能力的；

（二）因故意犯罪受过刑事处罚的；

（三）被吊销律师、公证员执业证书的；

（四）因违法违规被取消法律援助志愿者身份的。

第三章 权利和义务

第十一条 法律援助志愿者享有以下权利：

（一）根据自己的意愿、时间和技能提供法律援助志愿服务；

（二）获得法律援助志愿服务内容的必要信息、安全教育、技能培训、志愿者服务证及胸章、服务记录证明；

（三）提供服务后按规定领取法律援助补贴中的直接费用；

（四）相关法律、法规、规章赋予的其他权利。

第十二条 法律援助志愿者应当履行以下义务：

（一）履行志愿服务协议或承诺，提供符合标准的法律援助服务；

（二）保守国家秘密、商业秘密和个人隐私，不得向他人泄露志愿服务中掌握的案件情况；

（三）因故不能参加或完成预先约定的法律援助志愿服务，应当提前告知；

（四）不得以法律援助志愿者名义从事营利性活动，不得向受援人收取财物或接受其他利益；

（五）相关法律、法规规定的其他义务。

第四章 服务管理

第十三条 法律援助机构等招募单位，可以根据工作需要制定法律援助志愿者招募计划，发布真实、准确、完整的招募信息，并负责组织做好相关工作。

第十四条 申请人申请成为法律援助志愿者，应当按照法律援助机构等招募单位要求，提交法律援助志愿者申请表，提供身份信息、服务技能、服务时间和联系方式等基本信息。

第十五条 经法律援助机构等招募单位审核后，申请人可以登录全国性志愿服务平台自行注册信息，也可以通过法律援助机构等招募单位注册。

第十六条 法律援助机构等招募单位应当如实记录法律援助志愿者的注册信息、志愿服务情况、评价情况、参加培训和获得表彰奖励等信息，并根据记录的信息出具法律援助志愿服务记录证明。

第十七条 法律援助志愿服务时长以小时为单位进行记录，原则上每天记录时长不超过 8 小时，超出时长的需要单独记录并作出说明。

第十八条 司法行政机关可以根据法律援助志愿者的服务时长、服务效果及综合评价等，建立健全法律援助志愿者星级服务评估评选机制。

第十九条 法律援助志愿者可以提出退出法律援助志愿者队伍的申请，法律援助机构等招募单位应当在收到其退出申请后的十五个工作日内完成相关工作。

第二十条 法律援助志愿者有下列情形之一的，法律援助机构核实后，对造成不良影响的，应当取消或通知招募单位取消其法律援助志愿者身份，并以适当方式告知本人：

（一）以法律援助志愿者名义进行营利性活动，或者收取受援人财物或其他利益的；

（二）同一年度内三次不能完成预先约定的服务，或者因服务质量不合格被受援人投诉三次以上的；

（三）违反相关执业行为规范的；

（四）法律、法规规定的其他情形。

第二十一条 法律援助志愿者在志愿服务中存在违法行为的，司法行政机关应当依法予以处理，并由法律援助机构等招募单位取消其法律援助志愿者身份。

第五章 激励保障

第二十二条 法律援助机构等招募单位应当为法律援助志愿者提供必要的工作条件，组织业务培训，支付法律援助志愿者提供服务过程中实际产生的差旅费、邮电费、印刷费、调查取证费、翻译费、公证费和鉴定费等直接费用。

组织可能发生人身危险或为期一年以上的专项法律援助志愿服务活动的，法律援助机构等招募单位应当与志愿者签订服务协议，为志愿者购买相应的人身意外伤害保险。

法律援助志愿者在提供志愿服务过程中受到人身、财产权益侵害的，法律援助机构等招募单位应当提供必要帮助，依法维护法律援助志愿者的合法权益。

第二十三条 司法行政机关应当根据国家有关规定，协调参与法律援助志愿服务相关部门，建立健全法律援助志愿服务激励机制，开展法律援助志愿服务宣传，提供必要的经费、培训和场所支持，推动法律援助志愿者在就学、公共服务、表彰奖励等方面享有本地区关于志愿者的优惠奖励政策，并按规定落实就业、社会保障政策。

第二十四条 司法行政机关应当与文明办、民政、教育、卫生健康（老龄办）、共产主义青年团等部门和单位建立法律援助志愿服务工作协作、信息共享机制。

司法行政和教育部门应当共同鼓励和支持高等院校师生提供法律援助志愿服务，可以将在校师生参与法律援助志愿服务的情况，作为教师业绩评价的参考，探索将法律援助志愿服务纳入学生实习、实训和实践课程。

鼓励具备条件的地方团委和高等院校招募大学生法律援助志愿者，积极提供法律援助志愿服务。

第二十五条 高等院校、科研机构可以组织从事法学教育、研究工作的人员和法学专业学生作为法律援助志愿者，在司法行政部门指导下，依法为经济困难公民和符合法定条件的其他当事人提供法律咨询、代拟法律文书、案件代理、劳动争议调解与仲裁代理服务。

第二十六条 司法行政机关应当加强与工会、共产主义青年团、妇女联合会、残疾人联合会、老龄协会等沟通协调，建立法律援助志愿服务工作协作机制，共同开展针对困难职工、进城务工人员、未成年人、妇女、残疾人、老年人等特定群体的专项法律援助志愿服务活动。

事业单位、社会组织受法律援助机构委托招募法律援助志愿者，或者工会、共产主义青年团、妇女联合会、残疾人联合会等群团组织自行组织招募的，应当接受法律援助机构的业务指导，引导志愿者落实法律援助服务标准，有关工作进行备案登记。

第二十七条 司法行政机关应当与文明办、民政、卫生健康（老龄办）、共产主义青年团等部门和单位加强协作，共享全国性志愿服务平台有关法律援助志愿信息，依托现有志愿服务平台建立法律援助志愿服务信息登录和注册页面，实现法律援助志愿者的网上申请、审核等管理，以及志愿服务信息的查询、下载。

第二十八条 对在法律援助志愿服务中做出突出贡献的个人，由司法行政机关按照法律、法规和国家有关规定予以表彰、奖励。

第六章 附 则

第二十九条 除本办法外，关于法律援助志愿者的管理，还应当遵守国家和地方精神文明建设指导机构及各级民政部门有关志愿服务的相关规定。

第三十条 法律援助志愿者通过志愿服务项目提供法律援助服务的，按照本办法相关规定和项目协议执行。接受服务地法律援助机构指派办理案件的，与当地法律援助人员领取同等的法律援助补贴。

第三十一条 本办法所称招募单位，包括法律援助机构，受法律援助机构委托开展法律援助志愿服务活动的事业单位、社会组织，以及工会、共产主义青年团、妇女联合会、残疾人联合会等群团组织。

第三十二条 本办法的解释权属于国务院司法行政部门。

第三十三条 本办法自发布之日起施行。

关于为死刑复核案件被告人依法提供法律援助的规定（试行）

（2021 年 12 月 30 日 法〔2021〕348 号）

为充分发挥辩护律师在死刑复核程序中的作用，切实保障死刑复核案件被告人的诉讼权利，根据《中华人民共和国刑事诉讼法》《中华人民共和国律师法》《中华人民共和国法律援助法》《最高人民法院关于适用〈中华人民共和国刑事诉讼法〉的解释》等法律及司法解释，制定本规定。

第一条 最高人民法院复核死刑案件，被告人申请法律援助的，应当通知司法部法律援助中心指派律师为其提供辩护。

法律援助通知书应当写明被告人姓名、案由、提供法律援助的理由和依据、案件审判庭和联系方式，并附二审或者高级人民法院复核审裁判文书。

第二条 高级人民法院在向被告人送达依法作出的死刑裁判文书时，应当书面告知其在最高人民法院复核死刑阶段可以委托辩护律师，也可以申请法律援助；被告人申请法律援助的，应当在十日内提出，法律援助申请书应当随案移送。

第三条 司法部法律援助中心在接到最高人民法院法律援助通知书后，应当采取适当方式指派律师为被告人提供辩护。

第四条 司法部法律援助中心在接到最高人民法院法律援助通知

书后，应当在三日内指派具有三年以上刑事辩护执业经历的律师担任被告人的辩护律师，并函告最高人民法院。

司法部法律援助中心出具的法律援助公函应当写明接受指派的辩护律师的姓名、所属律师事务所及联系方式。

第五条 最高人民法院应当告知或者委托高级人民法院告知被告人为其指派的辩护律师的情况。被告人拒绝指派的律师为其辩护的，最高人民法院应当准许。

第六条 被告人在死刑复核期间自行委托辩护律师的，司法部法律援助中心应当作出终止法律援助的决定，并及时函告最高人民法院。

最高人民法院在复核死刑案件过程中发现有前款规定情形的，应当及时函告司法部法律援助中心。司法部法律援助中心应当作出终止法律援助的决定。

第七条 辩护律师应当在接受指派之日起十日内，通过传真或者寄送等方式，将法律援助手续提交最高人民法院。

第八条 辩护律师依法行使辩护权，最高人民法院应当提供便利。

第九条 辩护律师在依法履行辩护职责中遇到困难和问题的，最高人民法院、司法部有关部门应当及时协调解决，切实保障辩护律师依法履行职责。

第十条 辩护律师应当在接受指派之日起一个半月内提交书面辩护意见或者当面反映辩护意见。辩护律师要求当面反映意见的，最高人民法院应当听取辩护律师的意见。

第十一条 死刑复核案件裁判文书应当写明辩护律师姓名及所属律师事务所，并表述辩护律师的辩护意见。受委托宣判的人民法院应当在宣判后五日内将最高人民法院生效裁判文书送达辩护律师。

第十二条 司法部指导、监督全国死刑复核案件法律援助工作，司法部法律援助中心负责具体组织和实施。

第十三条 本规定自 2022 年 1 月 1 日起施行。

军人军属法律援助工作实施办法

（2016年9月14日　司发〔2016〕13号）

第一条　为贯彻落实《国务院、中央军委关于进一步加强军人军属法律援助工作的意见》（国发〔2014〕37号）精神，切实做好军人军属法律援助工作，依法维护国防利益和军人军属合法权益，制定本办法。

第二条　本办法所称军人，是指现役军（警）官、文职干部、士兵以及具有军籍的学员。军队中的文职人员、非现役公勤人员、在编职工，由军队管理的离退休人员，以及执行军事任务的预备役人员和其他人员，按军人对待。

本办法所称军属，是指军人的配偶、父母、子女和其他具有法定扶养关系的近亲属。烈士、因公牺牲军人、病故军人的遗属按军属对待。

第三条　县级以上司法行政机关和军队团级以上单位负责司法行政工作的部门应当密切协作、相互配合，建立健全军地联席会议、法律援助人员培训、工作考评通报等机制，共同做好军人军属法律援助工作。

第四条　法律援助人员办理军人军属法律援助案件，应当保守国家秘密、军事秘密，不得泄露当事人的隐私。

第五条　除《法律援助条例》规定的事项外，军人军属对下列事项因经济困难没有委托代理人的，可以向法律援助机构申请法律援助：

（一）请求给予优抚待遇的；

（二）涉及军人婚姻家庭纠纷的；

（三）因医疗、交通、工伤事故以及其他人身伤害案件造成人身损害或财产损失请求赔偿的；

（四）涉及农资产品质量纠纷、土地承包纠纷、宅基地纠纷以及保险赔付的。

第六条 军人军属申请法律援助，应当提交下列申请材料：

（一）法律援助申请表；

（二）军人军属身份证明；

（三）法律援助申请人经济状况证明表；

（四）与所申请法律援助事项有关的案件材料。

第七条 下列军人军属申请法律援助的，无需提交经济困难证明：

（一）义务兵、供给制学员及军属；

（二）执行作战、重大非战争军事行动任务的军人及军属；

（三）烈士、因公牺牲军人、病故军人的遗属。

第八条 军人军属就本办法第五条规定的事项申请法律援助的，由义务机关所在地或者义务人住所地的法律援助机构受理，也可以由军人军属法律援助工作站或者联络点受理。

第九条 对军人军属申请法律援助的，法律援助机构应当优化办理程序，优先受理、优先审批、优先指派。对情况紧急的可以先行受理，事后补充材料、补办手续。对伤病残等特殊困难的军人军属，实行电话申请、邮寄申请、上门受理等便利服务。有条件的可以实行网上办理。

法律援助机构对军人军属的法律援助申请作出给予法律援助的决定后，应当及时告知军队有关部门。

第十条 法律援助机构办理军人军属法律援助案件，需要军队有关部门协助的，军队有关部门应当予以协助。

第十一条 法律援助机构可以在省军区（卫戍区、警备区）、军分区（警备区）、县（市、区）人民武装部建立军人军属法律援助工作站，有条件的可以在军队团级以上单位建立军人军属法律援助工作站或者联络点。

法律援助机构可以根据需要，依托符合条件的律师事务所建立军人军属法律援助工作站。

军人军属法律援助工作站可以在乡（镇）人武部、营连级以下部队设立法律援助联络点，为军人军属申请法律援助提供服务。

第十二条 军人军属法律援助工作站应当具备以下条件：

（一）有固定的办公场所和设备；

（二）有具备一定法律知识的工作人员；

（三）有必要的工作经费；

（四）有规范的工作制度；

（五）有统一的标识及公示栏。

第十三条 军人军属法律援助工作站的职责范围包括：

（一）接受军人军属的法律援助申请并进行初步审查，对符合条件的转交有权办理的法律援助机构；

（二）开展军人军属法治宣传教育；

（三）解答法律咨询、代写法律文书；

（四）办理简单的非诉讼法律援助事项；

（五）收集、分析和报送军人军属法律需求信息。

第十四条 军人军属法律援助工作站应当在接待场所和相关网站公示办公地址、通讯方式以及军人军属法律援助条件、程序、申请材料目录等信息。

第十五条 军人军属法律援助工作站应当建立军人军属来函、来电来访咨询事项登记制度。对属于法律援助范围的，应当一次性告知申请程序，指导当事人依法提出申请；对不属于法律援助范围的，应当告知有关规定，指引当事人寻求其他解决渠道。

第十六条 军人军属法律援助工作站应当向所属法律援助机构和所驻军队单位负责司法行政工作的部门及时报告工作，接受其业务指导和监督。

第十七条 法律援助机构应当安排本机构人员或者指派律师到军人军属法律援助工作站值班。

第十八条 县级以上司法行政机关和军队团级以上单位负责司法行政工作的部门应当建立联席会议制度，其主要职责是：

（一）研究制定军人军属法律援助工作发展规划、重要制度和措施，安排部署军人军属法律援助工作任务；

（二）通报有关情况，协调落实军人军属法律援助工作；

（三）指导、检查军人军属法律援助工作，开展调查研究，及时解决工作中的困难和问题；

（四）总结推广军人军属法律援助工作经验，组织宣传相关政策制度和先进典型；

（五）组织军地法律援助人员学习交流、培训活动。

第十九条　司法行政机关应当把军人军属法律援助工作站和联络点人员培训工作纳入当地法律援助业务培训规划。军队负责司法行政工作的部门应当为军人军属法律援助工作站和联络点人员参加培训提供必要的条件和保障。

军队法律顾问处与法律援助机构、相关律师事务所可以开展业务研究、办案交流等活动，提高军人军属法律援助队伍业务素质。

第二十条　县级以上司法行政机关应当会同军队团级以上单位负责司法行政工作的部门协调地方财政部门，推动将军人军属法律援助经费纳入财政保障范围，并根据经济社会发展水平逐步加大经费投入。

有条件的地方可探索建立军人军属法律援助专项基金，专门用于办理军人军属法律援助案件。法律援助基金会等组织应当通过多种渠道，积极募集社会资金，支持军人军属法律援助工作。

军队有关部门应当将军人军属法律援助工作站、联络点日常办公所需经费纳入单位年度预算。

第二十一条　建立健全法律援助机构和法律援助人员开展军人军属法律援助工作考评机制。考评结果应当报送上一级司法行政机关和军队负责司法行政工作的部门。

第二十二条　本办法由司法部和中央军委政法委员会解释。

第二十三条　本办法自2016年9月14日起施行。

法律援助投诉处理办法

（2013 年 11 月 19 日　司发通〔2013〕161 号）

第一条　为规范法律援助投诉处理工作，加强对法律援助活动的监督，维护投诉人和被投诉人合法权益，根据《中华人民共和国律师法》、《法律援助条例》等法律、行政法规，制定本办法。

第二条　本办法所称投诉，是指法律援助申请人、受援人或者利害关系人（以下简称投诉人）认为法律援助机构、律师事务所、基层法律服务所、其他社会组织和法律援助人员（以下简称被投诉人）在法律援助活动中有违法违规行为，向司法行政机关投诉，请求予以处理的行为。

第三条　法律援助投诉处理工作，应当遵循属地管理、分级负责，依法查处，处罚与教育相结合的原则。

第四条　司法行政机关应当向社会公示法律援助投诉地址、电话、传真、电子邮箱及投诉事项范围、投诉处理程序等信息。

第五条　有下列情形之一的，投诉人可以向主管该法律援助机构的司法行政机关投诉：

（一）违反规定办理法律援助受理、审查事项，或者违反规定指派、安排法律援助人员的；

（二）法律援助人员接受指派或安排后，懈怠履行或者擅自停止履行法律援助职责的；

（三）办理法律援助案件收取财物的；

（四）其他违反法律援助管理规定的行为。

第六条　投诉人提出投诉，应当采取书信、传真或者电子邮件等书面形式；书面形式投诉确有困难的，可以口头提出，司法行政机关应当当场记录投诉人的基本情况、投诉请求、主要事实、理由和时间，并由投诉人签字或者捺印。

投诉人应当如实投诉，对其所提供材料真实性负责。

第七条 投诉人委托他人进行投诉的，应当向司法行政机关提交授权委托书，并载明委托权限。

第八条 符合下列条件的投诉，司法行政机关应当予以受理：

（一）具有投诉人主体资格；

（二）有明确的被投诉人和投诉请求；

（三）有具体的投诉事实和理由；

（四）属于本机关管辖范围；

（五）属于本办法规定的投诉事项范围。

第九条 有下列情形之一的，不予受理：

（一）投诉事项已经依法处理，且没有新的事实和证据的；

（二）投诉事项正在通过诉讼、行政复议等法定程序解决的，或者已被信访、纪检监察等部门受理的；

（三）投诉人仅对法律援助案件办理结果有异议的；

（四）投诉事项不属于违反法律援助管理规定的。

第十条 司法行政机关收到投诉后，应当填写《法律援助投诉登记表》，并在5个工作日内作出以下处理：

（一）对于符合本办法规定的，应当受理并向投诉人发送《法律援助投诉受理通知书》；

（二）对于不符合本办法规定的，不予受理并向投诉人发送《法律援助投诉不予受理通知书》。

第十一条 司法行政机关受理投诉后，应当及时调查核实。调查应当全面、客观、公正。调查工作不得妨碍被投诉人正常的法律援助活动。

第十二条 司法行政机关进行调查，可以要求被投诉人说明情况、提交有关材料，调阅被投诉人有关业务案卷和档案材料，向有关单位、个人核实情况、收集证据，听取有关部门的意见和建议。

调查应当由两名以上工作人员进行，并制作笔录。调查笔录应当由被调查人签字或者捺印。

第十三条 司法行政机关在调查过程中，发现被投诉人的违法违规行为仍处在连续或者继续状态的，应当责令被投诉人立即停止违法违规行为。

第十四条 司法行政机关应当根据调查结果，作出如下处理：

（一）对有应当给予行政处罚或者纪律处分的违法违规行为的，依职权或者移送有权处理机关、单位给予行政处罚、行业惩戒或者纪律处分；

（二）对违法违规行为情节轻微并及时纠正，没有造成危害后果，依法不予行政处罚或者纪律处分的，应当给予批评教育、通报批评、责令限期整改等处理；

（三）投诉事项查证不实或者无法查实的，对被投诉人不作处理。

对涉嫌犯罪的，移送司法机关依法追究刑事责任。

第十五条 司法行政机关受理投诉后，一般应当在45日内办结；投诉事项复杂的，经本机关负责人批准，可以适当延长办理期限。

延长办理期限的，应当书面告知投诉人并说明理由。

第十六条 司法行政机关应当自作出处理决定之日起5个工作日内，向投诉人发送《法律援助投诉处理答复书》。

第十七条 投诉人对司法行政机关投诉处理答复不服的，可以依法申请行政复议或者提起行政诉讼。

第十八条 作出处理决定的司法行政机关应当对被投诉人执行处理决定的情况进行监督。发现问题的，应当及时纠正。

第十九条 司法行政机关应当建立投诉处理档案，一事一卷。归档材料包括投诉登记、受理决定、调查材料、处理决定或者处理意见、投诉处理答复等。

第二十条 上级司法行政机关应当加强对下级司法行政机关开展法律援助投诉处理工作的监督和指导。发现投诉处理违法的，应当及时纠正。

第二十一条 本办法自2014年1月1日起施行。

关于加强退役军人法律援助工作的意见

（2021年12月7日　退役军人部发〔2021〕73号）

退役军人法律援助工作是加强退役军人服务保障的重要举措，是维护退役军人合法权益的一项重要民生工程。推进退役军人法律援助工作，对于建立健全退役军人权益保障机制，完善公共法律服务体系，具有重要意义。为全面落实中共中央办公厅、国务院办公厅《关于完善法律援助制度的意见》和《中华人民共和国退役军人保障法》、《中华人民共和国法律援助法》等政策法律制度，加强退役军人法律援助工作，现提出如下意见。

一、总体要求

（一）指导思想。以习近平新时代中国特色社会主义思想为指导，全面贯彻落实党的十九大和十九届二中、三中、四中、五中、六中全会精神，全面贯彻习近平法治思想，深入贯彻习近平总书记关于退役军人工作重要论述和法律援助工作重要指示精神，增强“四个意识”、坚定“四个自信”、做到“两个维护”，紧紧围绕广大退役军人实际需要，依法扩大法律援助范围，提高法律援助服务质量，确保退役军人在遇到法律问题或者合法权益需要维护时获得优质高效的法律帮助。

（二）基本原则。坚持党的领导，突出党总揽全局、协调各方的领导核心作用，把党的领导贯穿到退役军人法律援助工作的全过程和各方面。坚持以人为本，把维护退役军人合法权益作为出发点和落脚点，努力满足退役军人法律援助需求。坚持政府主导，落实退役军人事务部门、司法行政部门退役军人法律援助工作的部门责任，同时激发各类社会主体参与的积极性。坚持改革创新，立足退役军人工作实际，积极探索退役军人法律援助工作规律，创新工作理念、机制和方法，实现退役军人法律援助申请快捷化、审查简便化、办案标准化。

（三）工作目标。到2022年，基本形成覆盖城乡、便捷高效、均等普惠的退役军人法律援助服务网络，退役军人法律援助工作全面覆盖。到2035年，基本形成与法治国家、法治政府、法治社会基本建成目标相适应的退役军人法律援助供给模式，退役军人的满意度显著提升、共享公共法律服务成果基本实现。

二、加强法律援助体系保障

（四）设立服务窗口站点。退役军人事务部门可以根据实际工作情况在退役军人服务中心（站）设立法律咨询窗口，为退役军人提供法律咨询、转交法律援助申请等服务。法律援助机构可以根据工作需要在退役军人服务中心设立法律援助工作站，在乡镇、街道、农村和城市社区退役军人服务站设立法律援助联络点，就近受理法律援助申请。

（五）加强人员力量建设。退役军人事务部门可以通过政府购买法律服务等方式，择优选择律师事务所等法律服务机构为退役军人提供法律咨询服务。司法行政部门可以整合公共法律服务资源，积极引导律师等法律人才为退役军人提供法律援助服务。鼓励和支持法律援助志愿者在司法行政部门指导下，为退役军人提供法律咨询、代拟法律文书等法律援助。加强法律援助人才库建设，鼓励符合条件的退役军人积极参与法律援助志愿服务工作，加强法律知识培训，提高法律援助人员专业素质和服务能力。

（六）建立服务规范标准。推进退役军人法律援助工作规范化标准化建设。退役军人法律咨询窗口、法律援助工作站（联络点）应当建立来访人信息登记制度，完善解答咨询、受理转交申请等工作制度。推动援务公开，对法律援助申请条件、流程、渠道和所需材料等进行公示。省级退役军人法律咨询窗口、法律援助工作站每周至少安排半个工作日、市和县至少安排一个工作日专业人员值班服务，乡镇、街道、农村和城市社区退役军人法律咨询窗口、法律援助联络点做好日常服务。

三、拓宽法律援助覆盖范围

（七）扩大援助范围。在法律援助法规定事项范围基础上，根据当地经济社会发展水平和退役军人法律援助实际需求，依法扩大退役军人法律援助覆盖面。有条件的地区，要将涉及退役军人切身利益的事项纳入法律援助范围，降低法律援助门槛，尽力使更多退役军人依法获得法律援助。法律援助机构要认真组织办理退役军人涉及确认劳动关系、支付劳动报酬、工伤事故、交通事故、食品药品安全事故、医疗事故人身损害赔偿等方面的法律援助案件，依法为退役军人提供符合标准的法律援助服务。

（八）强化咨询服务。退役军人事务部门要在法律咨询窗口、法律援助工作站（联络点）安排专业人员免费为来访退役军人提供法律咨询，全面了解案件事实和来访人法律诉求。对咨询事项属于法律援助范围的，应当提示来访人享有依法申请法律援助的权利，并告知申请法律援助的条件和程序；对咨询事项不属于法律援助范围的，可以为来访人提出法律建议；对咨询事项不属于法律问题或者与法律援助无关的，可以告知来访人应咨询部门或渠道。司法行政部门要将退役军人作为公共法律服务的重点对象，为退役军人开辟法律援助绿色通道，在现有的公共法律服务实体平台普遍设立退役军人优先服务窗口。有条件的地区，在法律服务网设立退役军人专栏，或者在“12348”公共法律服务热线平台开通退役军人专线，优先为退役军人解答日常生产生活中遇到的法律问题。

四、完善法律援助工作机制

（九）建立协作机制。退役军人事务部门、司法行政部门要建立健全退役军人法律援助工作协作机制，强化退役军人工作政策制度、退役军人身份和经济困难状况等信息沟通，促进实现信息共享和工作协同。法律援助机构在办理退役军人法律援助事项时，需要核查申请人经济困难状况的，退役军人事务部门应当予以配合。建立健全法律援助服务资源依法跨区域流动制度机制，鼓励和支持律师、法律援助志愿者等在法律服务资源相对短缺地区为退役军人提供法律援助。

（十）优化办理程序。退役军人法律咨询窗口、法律援助工作站（联络点）可以接受退役军人的法律援助申请，经初步审查，符合法律援助条件的，应当及时转交法律援助机构办理，也可以引导申请人通过法律服务网在线申请。法律援助机构要把退役军人作为重点援助对象，对退役军人的法律援助申请，可以优先受理、优先审查、优先指派。

（十一）提高办案质量。根据退役军人法律援助案件性质、结合法律援助人员专业特长，法律援助机构应当合理指派案件承办人员，注意挑选对退役军人工作有深厚感情、熟悉涉军法律和政策、擅长办理同类案件的法律援助人员为退役军人提供法律援助服务，提高案件办理的专业化水平和质量。法律援助机构、法律援助人员对提供法律援助过程中知悉的国家秘密、商业秘密和个人隐私应当予以保密。

（十二）加强跟踪督办。健全退役军人法律援助案件服务质量监管机制，综合运用质量评估、受援人回访等措施强化案件质量管理，督促法律援助机构和人员依法履行职责。对疑难复杂案件，法律援助机构可以联合退役军人事务部门以及相关部门共同研究，加强跟踪检查，保证受援人获得优质高效的法律援助。

五、丰富法律援助服务方式

（十三）加大普法宣传教育。退役军人事务部门要加强法治宣传教育，普及法律知识，增强退役军人法治意识，引导退役军人依法表达合理诉求、依法维护权益。退役军人事务部门、司法行政部门可以组织人员通过入户走访、座谈沟通等多种方式，及时了解退役军人法律援助需求。

（十四）完善便民服务机制。加强退役军人法律援助信息化建设，推动互联网、大数据、人工智能等科技创新成果同退役军人法律援助工作深度融合。退役军人事务部门、司法行政部门应当通过服务窗口、电话、网络等多种方式为退役军人提供法律咨询服务。法律援助机构对老年、残疾等行动不便的退役军人，视情提供电话申请、上门服务。

六、切实加强组织领导

（十五）强化责任担当。各级退役军人事务部门、司法行政部门要认真履行组织、协调和指导退役军人法律援助工作的职责，充分发挥职能作用。退役军人事务部门、司法行政部门要加强沟通协调，密切工作配合，建立制度化、规范化的工作衔接机制。法律援助机构要丰富服务内容，创新服务方式，不断提高为退役军人提供法律援助服务的能力和水平。

（十六）加强检查指导。建立退役军人法律援助工作责任履行情况考评机制、报告制度和督导检查制度。将退役军人法律援助工作作为法治政府建设的重要任务，作为退役军人工作考核的重要内容。退役军人事务部门、司法行政部门要加强跟踪指导，积极协调解决法律援助工作中的难点问题，及时总结推广实践证明行之有效的典型做法和有益经验。

（十七）做好宣传推广。加强舆论引导，广泛宣传退役军人法律援助工作的重大意义，宣介退役军人法律援助工作成效。加强宣传表彰工作，对在退役军人法律援助工作中做出突出贡献的组织和个人，按照有关规定给予表彰、奖励。积极营造鼓励创新的良好氛围，促进退役军人法律援助工作健康持续创新发展。

司法部发布 12 起法援惠民生典型案例

案例一：内蒙古自治区鄂尔多斯市东胜区法律援助中心对万某工伤赔偿纠纷提供法律援助案①

【基本案情】

万某是在某公共交通集团有限公司担任驾驶员的外来务工人员。2018 年 9 月，万某上班期间在公司驻站加油站加油时，发现车辆底部漏油，在清理完漏油部分起身时不慎摔倒受伤。经医院诊治，万某为脑损伤引发脑出血，被认定为工伤，劳动能力鉴定为八级伤残，属于部分丧失劳动能力。

万某就伤残补助金等赔偿问题多次找公司协商未果，于 2020 年 5 月来到内蒙古自治区鄂尔多斯市东胜区法律援助中心寻求帮助。东胜区法律援助中心审核万某提交的材料后，认为其符合法律援助条件，指派刘律师办理该案。

法律援助承办律师接受指派后，向万某了解了案件详细情况。为早日解决赔偿事宜，律师主动与公司相关负责人联系并进行多次协商，指出除工伤保险赔偿金外，公司依照法律规定还应支付万某一次性用餐补助金差额，一次性就业补助金，停工留薪期工资，工伤保险未报销的医疗费用，治疗期间的误工费、护理费、伙食费、交通费及解除劳动关系的经济补偿金等，希望公司能够从人性化的角度和依法办事的原则出发，不要逃避责任，给予万某应得的赔偿。至此，双方态度

---

① 案例一至案例四参见《司法部发布 12 起法援惠民生典型案例（一）》，载司法部网站，http：//www.moj.gov.cn/pub/sfbgw/jgsz/jgszzsdw/zsdwflyzzx/flyzzxgzdt/202103/t20210301_356252.html，最后访问时间：2022 年 7 月 19 日，对案例文字有删减。

有所缓解，但仍因赔偿数额差距较大不能达成一致意见。律师认为仅靠调解方式不易解决纠纷，建议万某申请劳动仲裁。

在承办律师的帮助下，万某向劳动争议仲裁委提出了申请。劳动仲裁委受理案件后，公司开始主动寻求调解。最终，在法律援助承办律师和仲裁员的共同努力下，纠纷顺利地得到了化解，以公司给付万某赔偿金 16 万元达成和解协议，由劳动争议仲裁委出具调解书结案。

【案件点评】

本案是一起典型的农民工请求工伤赔偿纠纷。本案法律援助承办律师通过运用调解、劳动仲裁方式，推动矛盾纠纷就地就近化解，降低了当事人的维权成本，促使受援人获得足额赔偿金，有效维护了受援人的合法权益。

案例二：吉林省长春市宽城区法律援助中心对赵某某离婚财产纠纷提供法律援助案

【基本案情】

2020 年“五一”假期刚过，吉林省长春市宽城区法律援助中心就接到赵某某的咨询电话，其称已年过六旬，年轻时跟丈夫一起办企业，因过度操劳落下一身毛病，但如今丈夫欲将她抛弃。赵某某想起诉离婚，请求宽城区法律援助中心帮她主持公道。

宽城区法律援助中心经审核，认为赵某某的情况符合法律援助条件，决定为其提供法律援助，并指派律师承办此案。案件庭前第一次调解过程中，被告不承认家中有 90 万元共同存款的事实，使案件调解陷入僵局。

开庭当天，法官给双方先行协商的机会，承办律师通过出示结婚证和企业的营业执照等证据，证明企业是在夫妻关系存续期间成立和经营的，是夫妻二人的主要生活来源，其收益应当作为夫妻共同财产进行分割。在承办律师的努力下，被告终于承认双方在共同经营企业过程中积攒下 90 万元存款的事实，并同意存款对半分割，但要求分割房产时应扣除分割财产45万元的份额。承办律师向被告讲解分割财产男女平等，债权债务应平均分配，指出原告失去劳动能力没有生活来源，分割财产时理应对其有所照顾。

最终，被告答应放弃分割住房款，原告也放弃了自己要求多分5万元的诉讼请求。至此，双方就财产分割达成一致，案件调解成功。

【案件点评】

这是一起法律援助维护妇女合法权益的典型案例。本案中，法律援助承办律师充分利用法理和情理对被告进行感化，使被告接受调解并认可调解结果。这种方式节约了当事人的时间，减轻了其诉讼负累，实现了较好的社会效果。

案例三：黑龙江省齐齐哈尔市铁锋区法律援助中心对防疫志愿者杨某提供法律援助案

【基本案情】

在2020年新冠肺炎疫情期间，杨某作为一名社区防疫志愿者，服务于黑龙江省齐齐哈尔市铁锋区某农贸市场卡口。6月24日，杨某开展防疫卡口扫码测温工作，按要求拦下一辆欲进入该小区的外来机动车。杨某向驾驶员高某解释，疫情防控期间外来车辆必须经过扫码测温并登记后方可进入。高某拒不执行防疫措施，与杨某发生争执后，突然启动车辆直接闯卡欲进入小区。杨某手把着车门，被高某的汽车带倒，造成轻度脑震荡及身体多处软组织挫伤。杨某报警后，被送到医院住院治疗20多天，自行垫付7000余元医药费。在协商未果的情况下，杨某通过社区法律援助工作站找到铁锋区法律援助中心，希望通过法律援助来维护自身的合法权益。

铁锋区法律援助中心工作人员接待了杨某。根据当地“对疫情防控一线的志愿者开辟‘绿色通道’，免予审查经济困难状况”的政策，法律援助中心当即决定为杨某提供法律援助，并指派某鹤律师事务所贾律师承办此案，帮助杨某维权。

法律援助承办律师接受指派后，及时会见了杨某，收集整理了相关案件材料，帮助杨某在铁锋区人民法院立案。因高某在疫情防控期间闯卡刮伤志愿者，不属于保险理赔范围，故在诉讼文书送达期间，高某百般推脱，拒不配合。后在法援律师的努力下，法院向高某送达了传票，选定了开庭日期。在庭审过程中，高某一再强调自己是正常启动汽车，杨某私自拖拽车门才导致其受伤，自己不应承担赔偿责任。对此，律师当庭出示了卡口的监控录像、现场的证人证言等相关证据。在强大的证据面前，高某哑口无言，表示愿意赔偿损失。

最终，在法院的调解下，高某一次性赔偿杨某1.5万余元。杨某对铁锋区法律援助中心及法律援助律师表示感谢。

【案件点评】

新冠肺炎疫情发生后，社区志愿者活跃在疫情防控前线，为打赢疫情防控阻击战各尽所能。当防疫志愿者的权利受到侵害时，法律援助中心和法援律师及时伸出援手，运用法律手段帮助其维护合法权益，温暖了志愿者的心灵，让其感受到了法治的阳光。

案例四：江苏省昆山市法律援助中心对赵某某送餐受伤纠纷提供法律援助案

【基本案情】

赵某某于2020年1月20日应聘成为“外卖骑手”，约定按单计酬、每单6元。1月25日，赵某某在下班途中接到外卖站点让其加班送餐的电话。赵某某在送餐途中，不慎撞到非机动车护栏倒地受伤，自行前往医院就诊。赵某某是孤儿，无钱住院治疗，被迫选择在家养伤。一个多月后，赵某某强行拆掉绷带到外卖站点上班。

赵某某是农民工，到江苏省昆山市法律援助中心咨询并申请法律援助。昆山市法律援助中心认为其情况符合法律援助条件，决定为其提供法律援助，并指派律师承办此案。承办律师接案后，注意到赵某某没有在受伤后第一时间报警，且因刚入职既没有受伤前的工资流水记录，也没有书面劳动合同和社会保险缴纳记录。承办律师通过深入调查取证发现，赵某某有受伤后上班时外卖站点通过第三方公司发放的工资流水，以及就受伤事故跟外卖站点沟通的录音等。结合以上证据，承办律师准备先确认劳动关系，再进行工伤认定和工伤理赔。

在仲裁阶段，承办律师就劳动关系确认多次与仲裁员沟通：赵某某是外卖站点的专职人员，站点对其有上下线的时间要求，说明其需要服从站点管理；赵某某的工资虽不设底薪，根据接单数量进行结算，但是由站点统一确认结算，应当认定其与外卖站点存在劳动关系。同时，承办律师积极与用工单位沟通，陈述赵某某生活窘迫的实际境况，希望公司能够依法给予申报工伤，尽快进行工伤赔偿。

最终，双方达成调解协议：公司与赵某某终止劳动关系，由外卖站点在三日内结算赵某某剩余工资，帮助其缓解生活困境，站点同时配合申报工伤，并在鉴定后两个月内给予工伤赔偿。

【案件点评】

这是一起法律援助维护农民工权益的典型案例。本案中，法律援助承办律师从认定劳动关系的“三要素”着手，结合证据材料，帮助受援人成功确定与外卖站点之间的劳动关系，并积极促成双方达成调解协议，对今后处理同类案例具有参考意义。

案例五：浙江省衢州市开化县法律援助中心对未成年人汪某抚养费纠纷提供法律援助案①

【基本案情】

未成年人汪某是汪某东与李某的婚生子女。2014年，汪某东与李某协议离婚，约定汪某跟随汪某东生活，李某每月承担汪某的生活费

① 案例五至案例八参见《司法部发布12起法援惠民生典型案例（二）》，载司法部网站，http://www.moj.gov.cn/pub/sfbgw/jgsz/jgszzsdw/zsdwflyzzx/flyzzxgzdt/202103/t20210304_356254.html，最后访问时间：2022年7月19日，对案例文字有删减。

1000元，学费、医药费由汪某东和李某平摊。2017年10月1日，汪某东因涉嫌犯罪被刑事拘留，后被判处死刑，缓期二年执行。汪某东在监狱服刑期间，汪某跟随其祖父母生活。2020年2月10日，汪某的祖父去世，其跟随祖母生活。2020年5月，汪某的祖母携汪某来到浙江省衢州市开化县法律援助中心寻求帮助，称其年迈体弱，又是低保家庭，无力承担汪某的抚养费用，可汪某的生母李某与汪某东离婚后，仅支付了三个月的抚养费。

开化县法律援助中心认为汪某的情况符合法律援助条件，受理了其法律援助申请，指派浙江某彩律师事务所康律师承办此案。法律援助承办律师及时向汪某及其祖母了解情况，前往监狱会见了汪某东，并致电李某。因李某不愿意直接抚养汪某，汪某东及汪某本人也不愿意变更抚养关系，因此，承办律师帮助汪某向法院提起抚养费纠纷诉讼，向李某主张抚养费，并申请了先予执行申请书。

法院支持了汪某的先予执行申请和诉请。判决生效后，汪某拿到了李某拖欠8年未支付的抚养费，并约定此后李某向汪某每月按时支付抚养费1000元。拿到这笔钱，汪某重燃起了对未来生活的希望。

【案件点评】

本案中，法律援助承办律师从未成年人利益最大化的原则出发，充分尊重未成年人及其双方监护人的意见，通过及时、高效的诉讼，有效维护了受援人的合法权益，充分体现了法律援助的价值作用。

案例六：安徽省安庆市宜秀区法律援助中心对胡某某机动车交通事故纠纷提供法律援助案

【基本案情】

胡某某系安徽省安庆市宜秀区的农民工，以为他人装货下货维持生计，妻子与唯一的女儿均是二级精神残疾人，胡某某一家系该村重点扶贫对象。2020年6月的一天，胡某某骑摩托车上工途中与一辆小型客车碰撞受伤，经医生诊断为左踝骨折。因家境困难，胡某某坚持门诊治疗，前后花费了医药费5400元，肇事者却拒绝赔偿。

9月18日，宜秀区大桥街道某村帮扶责任人到贫困户家中进行入户走访，当走访到胡某某家中，发放法律援助便民联系卡、宣传法律援助相关政策时，胡某某向帮扶责任人介绍了自身情况。该责任人当即建议胡某某到宜秀区法律援助中心申请法律援助，通过法律途径维护自身合法权益。

9月21日，宜秀区法律援助中心接到胡某某申请后，立即为其开通“绿色通道”，并指派安徽某风律师事务所律师承办该案。承办律师接到指派后，考虑到胡某某行动不方便，便赶到法援中心与胡某某见面，了解案件相关情况。随后，律师为胡某某准备好相关证据材料、列出具体的民事赔偿项目清单，并起草了相关诉讼法律文书。

立案时，承办律师考虑到胡某某家境困难，为了尽快解决该起交通事故纠纷，让胡某某早日拿到赔偿款，经与胡某某沟通后决定选择诉前调解程序，并将案件起诉材料交到法院。

立案后，在法官的主持下，承办律师与肇事车辆所在的保险公司联系，就胡某某赔付问题进行多次协商。最终，在法院法官和承办律师的共同努力下，肇事车辆所在的保险公司同意调解，并给出了公平合理的赔偿方案，赔付胡某某因交通事故造成的损失共计28208元。2020年10月22日，双方在法院签订调解协议。10月27日，胡某某收到了保险公司转账的赔偿款，案件圆满结案。

【案件点评】

在“法援惠民生 扶贫奔小康”品牌活动中，安徽省安庆市宜秀区推出了一系列有效举措，其中一项便是与区扶贫办及乡镇（街道）扶贫办进行对接，要求每位帮扶责任人在对建档立卡贫困户进行定期走访时，主动引导有法律需求的贫困户申请法律援助，实现应援尽援。本案便是帮扶责任人在走访中引导当事人选择用法律维权的成功案例，充分彰显了法律援助为民服务理念。

案例七：福建省厦门市翔安区法律援助中心对强某劳动合同纠纷提供法律援助案

【基本案情】

24岁的强某初中毕业后一直在山西省打工。一次偶然的机会，他看到山西省某劳务派遣公司正在高薪招聘，承诺外派到福建省厦门市某电子公司工作，时薪20元且包吃包住。强某认为待遇不错，于2020年4月4日由派遣公司外派至电子公司工作。同年6月2日，强某因开空调问题与同宿舍的王某发生争执，王某辱骂强某，强某用手拉扯王某衣领，后王某报警并前往医院诊疗，经诊断为右肩部挫伤。基于此，电子公司以强某打架斗殴为由将其退回派遣公司，派遣公司解除了与强某的劳动合同。强某感到委屈，自己不仅被开除还被拖欠了6000元工资，没有任何经济来源的他生活陷入窘迫，于是他来到厦门市翔安区法律援助中心申请法律援助。

翔安区法律援助中心认为强某的情况符合法律援助条件，受理了其法律援助申请，并指派律师承办此案。承办律师介入后发现，电子公司仅是用工单位，而派遣公司才是用人单位，应作为赔偿主体，便把派遣公司和电子公司一并作为被申请人提起劳动仲裁。

一个月后，本案如期开庭。派遣公司在仲裁庭上矢口否认未足额发放工资的事实，强调强某打架斗殴被解除劳动合同合理合法，并提供了王某的就医证明，证明其右肩部受伤是强某所致。承办律师辩解称无论强某是否存在打架斗殴，工资是每个农民工最基本的生活保障，应如期如数发放。同时，门诊病历载明王某是右肩部挫伤，而电子公司提供的证据描述为强某抓住王某的衣领致其脖子挫伤，描述挫伤部位与王某就医确诊部位不同，且王某在就医当天就回了公司上班。根据证据及事实逻辑分析，承办律师提出王某系诈伤且派遣公司解除劳动合同行为违法。

最终，派遣公司认识到自身错误，与强某达成调解协议，派遣公司不仅支付了拖欠强某的工资6000元，还额外支付赔偿金2000元。

【案件点评】

本案中，强某作为外来农民工，身在他乡无亲无故，法律援助中心快速受理并指派律师介入，劝说强某以调解方式解决问题，保障了强某的合法权益，体现了法律援助关爱农民工、为民办实事的宗旨。

案例八：重庆市酉阳县法律援助中心对陈某赡养纠纷提供法律援助案

【基本案情】

陈某是重庆市酉阳土家族苗族自治县（以下简称酉阳县）楠木乡某村的建档立卡贫困户，其含辛茹苦将8个儿女抚育成人。老伴儿去世后，陈某先是与大儿子生活了一段时间，后又搬到长期外出务工的小儿子家中居住。随着年纪越来越大，陈某生活无法自理，8个子女既不愿照料老人的生活起居，也不愿承担赡养老人的责任。

2020年4月14日，陈某委托亲属向酉阳县法律援助中心递交了法律援助申请。酉阳县法律援助中心认为陈某的情况符合法律援助条件，立即启动“绿色通道”，优先受理、优先审批，迅速指派重庆某法律师事务所易律师承办此案。承办律师接受指派后，前往陈某家中了解案件详细情况，按照老人的诉求向酉阳县人民法院提起诉讼，要求8个子女履行赡养义务。

2020年5月8日上午，此案开庭审理。庭审中，承办律师将“法理情”相结合发表代理意见：本案中，陈某辛苦养大8个子女，晚年生活贫困且体弱多病，却出于种种原因无人照顾。孝敬、赡养父母是子女应尽的法定义务，根据相关法律规定，子女应承担照顾老人的责任。听了律师入情入理的陈述，陈某的4个女儿意识到自己的错误，当庭表示愿意共同承担照顾母亲的责任。

庭审结束后，酉阳县人民法院依法作出判决：由老人的8个子女每人每月分别支付赡养费100元、护理费400元，并负责照顾老人的生活起居。

【案件点评】

本案中，受援人陈某已年过九旬且家境贫困，基本丧失了生活自理能力，是法律援助服务的重点对象。法律援助承办律师立足案件事实，理清法律关系，明确法律责任主体，掌握办案关键点，活用诉讼技巧，有效维护了受援老人的合法权益，彰显了法治的温暖。

案例九：贵州省贵阳市乌当区法律援助中心对胡某劳动争议纠纷提供法律援助案[①]

【基本案情】

2020年8月18日，胡某到贵州省贵阳市乌当区法律援助中心申请法律援助。胡某称，自2013年11月5日以来，她在贵州某药业有限公司的分公司任职美疗师，公司按月为其发放2000元工资，但双方未签订书面劳动合同，公司也未为其缴纳社会保险。此外，自2013年11月5日至2020年7月31日，公司延长了胡某劳动时间，但未结算加班费。现公司要将胡某辞退，且不向其支付补偿金，胡某家庭经济困难，希望法律援助中心能够帮助她。

贵阳市乌当区法律援助中心经审核，认为胡某的情况符合法律援助条件，受理了其援助申请，指派贵州某鹰律师事务所陈律师承办此案。承办律师接受指派后，经过调查了解发现，胡某的工资是由贵州某药业有限公司、贵州某药业有限公司的分公司、贵州某香药产业有限公司混同发放，三个公司的法定代表人均为同一人。律师认为，三个公司之间已经构成严重的财产、人员混同，建议胡某向三个公司一并申请劳动仲裁。胡某于2020年10月12日向贵阳市乌当区劳动人事

① 案例九至案例十二参见《司法部发布12起法援惠民生典型案例（三）》，载司法部网站，http://www.moj.gov.cn/pub/sfbgw/jgsz/jgszzsdw/zsdwflyzzx/flyzzxgzdt/202103/t20210304_356255.html，最后访问时间：2022年7月19日，对案例文字有删减。

争议仲裁委员会申请劳动仲裁，请求上述三个公司向其支付因未签订书面劳动合同的二倍工资共计 2.2 万元，向其支付经济补偿金 1.4 万元，向其支付法定休假日、双休日以及工作日延长劳动时间的加班工资 2103 元。

乌当区劳动仲裁委依法立案并组成合议庭，于 2020 年 11 月 6 日开庭审理，最终裁决支持了公司为胡某发放经济补偿金 1.4 万元，并为其补缴 2013 年 12 月至 2020 年 9 月期间的社会保险。

2021 年 1 月 18 日，乌当区法律援助中心对胡某进行电话回访时，得知贵州某药业有限公司向贵阳市中级人民法院申请撤销乌当区仲裁委的裁决。乌当区法律援助中心立即指派贵州某建律师事务所潘律师为胡某提供法律援助。1 月 29 日，贵阳市中级人民法院开庭审理此案，最终通过调解，贵州某药业有限公司支付胡某 12000 元经济补偿金，并为其补缴社会保险。

【案件点评】

法律援助承办律师接案后，联系受援人开展调查工作，通过分析本案的法律关系和案件事实，帮助厘清诉求金额，在庭审中提出有力代理意见，成功维护了受援人的合法权益。

案例十：陕西省西安市蓝田县法律援助中心对贫困户罗某某追讨购砖款提供法律援助案

【基本案情】

61 岁的罗某某是陕西省西安市蓝田县马王村村民，患有慢阻肺，妻子身体也不好，属于该村建档立卡贫困户。2016 年 1 月 5 日，罗某某向张某某预订了 5 万块机砖，准备翻新旧房，并向张某某支付了货款 1.1 万元。2016 年 7 月，张某某开办的砖厂被政府关闭，不再生产机砖。得知此事后，罗某某多次找张某某要求退还购砖款，但张某某总以各种理由予以拒绝。无奈之下，罗某某要求从张某某停办的砖厂中拉走 8000 块废品砖，张某某同意，但剩下的砖款张某某仍然没有退还。

2020年5月，西安市法律援助中心派往马王村扶贫的马律师得知此事后，及时向法律援助中心反映了情况。西安市法律援助中心认为罗某某的情况符合法律援助条件，由马律师和蓝田县法律援助中心进行联系，帮助罗某某申请法律援助。

2020年7月13日，罗某某来到蓝田县法律援助中心。蓝田县法律援助中心开启“绿色通道”，当即受理了罗某某的法律援助申请，并指派陕西某原律师事务所雷律师承办此案。承办律师接受指派后，马上书写起诉状，带领罗某某到法院立案，当天办完了所有诉讼手续。

法院立案后，法律援助承办律师开始庭审准备工作。由于罗某某支付购砖款已经过去四年多时间，且张某某的机砖厂没有任何手续，如果证据准备不够充分，罗某某极有可能败诉。承办律师走访了曾经在机砖厂购买过机砖的50余户人家，还上门拜访了曾经和罗某某一起去张某某家协商此事的帮扶干部。在承办律师和扶贫干部的辛勤努力下，终于取得了支持该案胜诉的全部证据。

2020年8月13日，蓝田县人民法院适用简易程序审理此案，法庭当庭认定了法援律师提供的全部证据。8月21日，法院作出一审判决，判令被告张某某在判决书生效后十日内返还原告罗某某砖款9240元。

【案件点评】

本案是一起法律援助助力脱贫攻坚的典型案例。驻村扶贫的律师发现案情后，主动将情况反映给法律援助中心，法律援助中心及时伸出援手，指派律师帮助受援人讨回了购砖款。此举不仅有力地维护了农村贫困户的合法权益，同时也向困难群众宣传了法律援助知识，提高了农村群众依法维权的法治意识。

案例十一：青海省西宁市湟中区法律援助中心对王某某等23户农户合同纠纷提供法律援助案

【基本案情】

2016年8月26日，青海省西宁市湟中区大才乡某村王某某等23

户农户分别与某种养殖专业合作社签订了牦牛代养托管协议书，约定以户为单位，将每户每人5400元的产业到户资金以托管代养牦牛的方式投入该合作社。双方约定，合作社每年给每人分配利润700元，共计分红三年。协议期满后，合作社没有按照约定进行第三次分红，23户农户不愿意继续托管代养，想自主发展产业，故多次索要资金，可合作社均以分配利润过高，拿不出钱为由予以拒绝，农户无奈之下向法院起诉。

2020年4月21日，王某某等23户农户作为申请人向西宁市湟中区法律援助中心申请法律援助。法律援助中心经审核，23户农户符合法律援助条件，指派湟中区多巴镇中心法律服务所承办此案。多巴镇中心法律服务所接到指派后，立即召开案情分析会，就本案所涉及的法律关系、法律适用、证据等问题进行认真讨论，将此案交由法律服务工作者赵某某具体承办。

法律援助承办人多次到村委会了解案情，积极取证。2020年7月1日承办人参加庭审，积极依法帮助农户维权。最终，湟中区人民法院作出判决，解除王某某等23户农户与被告某合作社签订的牦牛托管代养协议，合作社于判决生效十日内退还23户农户本金合计35.1万元，2019年分配利润共计4.55万元，总计金额39.65万元。

【案件点评】

这是一起扶贫产业到户资金托管合同纠纷案件，直接关系到23户农户的切身利益。本案中，原、被告签订牦牛托管代养协议后，双方应按约定全面履行各自义务。在法律援助承办人的帮助下，此案得以胜诉，23户农户的合法权益得到了保护。

案例十二：新疆生产建设兵团第四师法律援助中心对颜某等199人追索劳动报酬提供法律援助案

【基本案情】

颜某等农民工在某建筑公司承建的工程项目从事建筑劳务工作，

但劳务分包公司、建筑公司及发包方在2年多时间里均没有支付任何费用，累计拖欠199名农民工劳动报酬367万余元。2019年12月初，颜某等人来到新疆生产建设兵团第四师法律援助中心申请法律援助，希望通过法律途径帮助他们维权。

第四师法律援助中心认为颜某等人的情况符合法律援助条件，对他们免予经济困难审查，为他们办理了法律援助手续，并指派“1+1”中国法律援助志愿律师曾律师承办此案。承办律师接受指派后，跟颜某等人取得联系，了解案件原委，收集整理证据材料。彼时已临近年关，承办律师将199名农民工分成九个班组，准备起诉状、证据目录及证据明细、财产保全申请书，协助法院办理财产保全裁定的制作和送达等工作。在律师的努力下，法院及时完成了在建工程的保全工作，将涉案农民工的劳动成果进行了查封冻结，保障了该案胜诉后的执行效果。

此后，法院对此案进行了10余次开庭审理。2020年11月，法院作出一审判决，判决劳务分包公司于判决生效后十五日内支付颜某等199人劳动报酬367万余元，建筑公司及发包方共同对劳务分包公司上述债务承担连带清偿责任。一审判决后，劳务分包公司提起上诉。二审法院驳回其上诉，维持一审判决。

2020年12月7日上午，颜某等10余人代表本案199名农民工来到第四师法律援助中心，向承办律师赠送锦旗，表达对法律援助中心和承办律师辛苦努力的感激之情。

【案件点评】

本案是一起农民工追索劳动报酬法律援助案件，涉案人数多，社会影响大。法律援助承办律师积极为受援人讲解相关法律知识，做好他们的心理安抚工作，引导他们依法维护自身权益，尽其所能帮助受援人讨回欠款，让受援人切实感受到公平和正义。

实用附录

一、法律援助申请办理流程图[①]

法律援助申请办理流程图

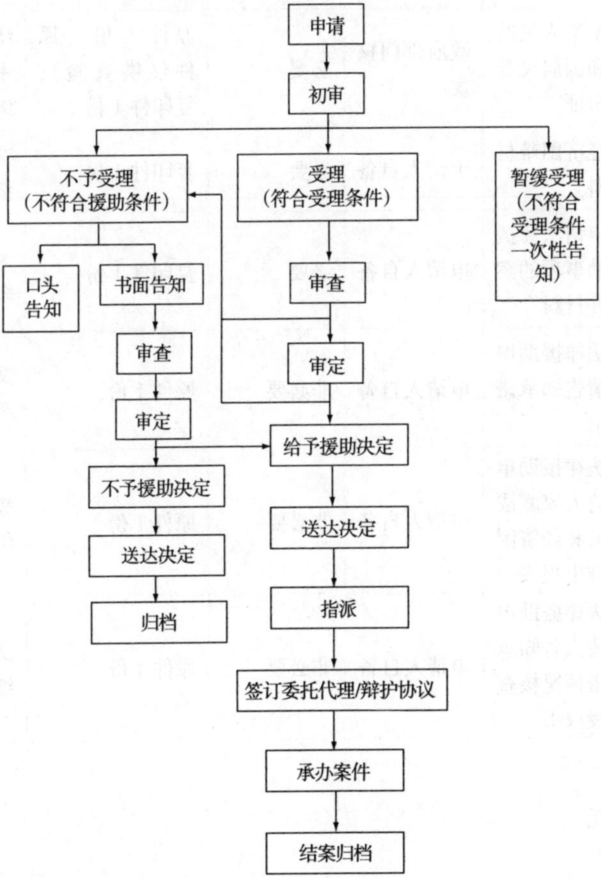

① 参见《法律援助申请办理流程图》，载北京市公共法律服务网，http://12348.gov.cn，最后访问时间：2022年7月19日。需要说明的是，各地法律援助相关流程和申请材料并不完全一致，本书所用附录仅做参考，读者使用时可前往所在地法律援助机构咨询具体要求。

二、申请法律援助的材料[①]

序号	材料名称	材料来源	材料必要性	数量要求	介质要求
一	中华人民共和国居民身份证	政府部门核发	必要	原件1份（原件仅供查验）；复印件1份	结果文书类；纸质
二	经济困难材料	申请人自备	必要	复印件1份	文本类；纸质
三	申请法律援助事项的案件材料	申请人自备	必要	复印件1份	文本类；纸质
四	法律援助申请告知承诺书	申请人自备	非必要	原件1份	文本类；纸质
五	法律援助申请人家庭成员和经济困难申报表	申请人自备	非必要	原件1份	表格类；纸质
六	法律援助申请人告知承诺情况核查授权书	申请人自备	非必要	原件1份	文本类；纸质
申请材料总要求	无				

① 参见《申请法律援助的材料》，载北京市人民政府网，http：//banshi. beijing. gov. cn/pubtask/task/1/110115010000/54e8b223-64e2-45d5-be28-7de99709c9d7. html?serverType=1003#apply-main，最后访问时间：2022年7月19日。

三、法律援助申请表

法律援助申请表（填写示范）①

援申字［　　　］第　　号

<table>
<tr><td colspan="8">申请人基本情况</td></tr>
<tr><td>姓名</td><td>张某</td><td>性别</td><td>男</td><td>出生日期</td><td>1963 年 10 月 1 日</td><td>民族</td><td>汉</td></tr>
<tr><td colspan="2">身份证号</td><td colspan="6"></td></tr>
<tr><td colspan="2">户籍所在地</td><td colspan="6">××省××县</td></tr>
<tr><td colspan="2">住所地
（经常居住地）</td><td colspan="6">北京市门头沟区××镇××街××号</td></tr>
<tr><td colspan="2">邮政编码</td><td colspan="2">××××××</td><td>联系电话</td><td colspan="3">××××××××</td></tr>
<tr><td colspan="2">工作单位</td><td colspan="6">无</td></tr>
<tr><td colspan="8">代理人基本情况</td></tr>
<tr><td colspan="2">姓名</td><td colspan="2"></td><td colspan="4">☐法定代理人　　☐委托代理人</td></tr>
<tr><td colspan="2">身份证号</td><td colspan="6"></td></tr>
<tr><td colspan="8">案情及申请理由概述</td></tr>
<tr><td colspan="8">2011 年××月××日，我骑自行车在双峪路口由西向东行驶，被一辆黑色××轿车（车牌号为京×××）撞伤。北京市公安局交通管理局认定对方负全责。此次事故造成我十级伤残，但对方没有支付任何费用。我无业，家庭经济困难，欲申请法律援助，向对方提起法律诉讼要求其承担因此次交通事故引起的人身损害赔偿责任。
特此申请！
本人承诺以上所填内容和提交的证件、证明材料均真实。
申请人（签字）：张某
代理人（签字）：
××年××月××日</td></tr>
</table>

① 参见《法律援助申请表》，载北京市公共法律服务网，http：//bj.12348.gov.cn/flyz/，最后访问时间：2022 年 7 月 19 日。

四、法律援助申请人家庭成员和经济困难申报表[①]

法律援助申请人家庭成员和经济困难申报表（样表）

申请人个人情况			
姓名	张某	身份证号	
其他证件		证件号	

申请人家庭成员情况					
家庭成员姓名	性别	年龄	与申请人关系	所在单位	职业
张三	男	50	父子	务农	
李四	女	45	母子	务农	

说明：1. 家庭成员，是指共同生活的家庭成员，包括配偶、父母和未成年子女，已成年但不能独立生活的子女以及其他具有法定赡养、抚养、扶养义务关系并长期共同居住的人员。

2. 家庭成员为未成年人的，“职业”一栏填写“学生”，“所在单位”一栏填写就读的学校；未读书的，写明具体情况。家庭成员为退休人员的，在“职业”一栏注明“已退休”。家庭成员为失业或其他无业人员的，在“职业”一栏注明“失业”或“无业在家”等情况。

申请人家庭经济状况							
申请人个人及其家庭成员收入状况（申请前12个月的月平均收入）	姓名	关　系	工资性收入	经营净收入	财产净收入	转移净收入	合计
	张三	父子	500	0	0	0	500
	李四	母子	500	0	0	0	500
	总计（单位：元）						1000

① 参见《法律援助申请人家庭成员和经济困难申报表》，载北京市人民政府网，http：//banshi. beijing. gov. cn/pubtask/task/1/110115010000/54e8b223-64e2-45d5-be28-7de99709c9d7. html？serverType=1003#apply-main，最后访问时间：2022 年 7 月 19 日。

续表

<table>
<tr><td colspan="2">说明：1. 工资性收入包括工资、奖金、津贴、补贴等。
2. 经营净收入包括承包经营、承租经营、种植、养殖、个体经营等扣除成本后获得的收入。
3. 财产净收入包括利息、股息与红利、租金、知识产权、征地拆迁（征收）安置补偿等。
4. 转移净收入包括养老金或者离退休金、辞退金、商业保险理赔金、住房公积金，接受捐赠、赠予扣除税费后所得，赡养、抚养、扶养费等。</td></tr>
<tr><td rowspan="6">申请人个人及其家庭成员财产状况</td><td>产权住房及其面积：无☑　有□______套，______平方米</td></tr>
<tr><td>承租的公有住房及其面积：无☑　有□______套，______平方米</td></tr>
<tr><td>集体土地上的住宅：无□　有☑　1　套，　80　平方米</td></tr>
<tr><td>机动车辆（残疾人代步车辆除外）：无☑　有□</td></tr>
<tr><td>大型农机具：无☑　有□</td></tr>
<tr><td>现金、储蓄存款、有价证券、商业保险、股权、股份、债权、企业投资人认缴出资额等其他个人及家庭财产款：______元</td></tr>
<tr><td>重大支出和其他状况</td><td>无</td></tr>
<tr><td>备注</td><td></td></tr>
<tr><td colspan="2">申请人/代理人（签名）：张某

年　月　日</td></tr>
</table>

五、法律援助申请告知承诺书[①]

法律援助申请告知承诺书

一、法律援助机构告知

（一）办理事项的名称：对公民法律援助申请的审批

（二）需提交的材料包括：1. 法律援助申请表；2. 身份证或者其他有效的身份证明，代理人还应当提交有代理权的证明；3. 经济困难证明；4. 与所申请法律援助事项有关的材料。

（三）提交法律援助申请材料的依据：《北京市法律援助条例》第十八条。

（四）适用告知承诺制的情形

1. 农村五保供养对象；

2. 领取最低生活保障金或者生活困难补助金的；

3. 在社会福利机构由政府出资供养或者由慈善机构出资供养的；

4. 重度残疾的；

5. 患有重大疾病且无固定生活来源的；

6. 司法救助对象；

7. 依靠政府或者单位给予抚恤金生活的；

8. 正在享受社会救助的，包括特困人员供养、受灾人员救助、医疗救助、教育救助、就业救助、采暖救助、临时救助、城乡低收入家庭等人员；

9. 如实说明经济困难状况并承诺符合法律援助经济困难条件的。

（五）办理程序。申请人选择告知承诺制的，需签署《法律援助申请告知承诺书》，属于第9项情形的，还需填写《法律援助申请人家庭成员和经济困难申报表》，并签署《法律援助申请人告知承诺情

---

① 参见《法律援助申请告知承诺书》，载北京市人民政府网，http：//banshi.beijing.gov.cn/pubtask/task/1/110115010000/54e8b223-64e2-45d5-be28-7de99709c-9d7.html？serverType=1003#apply-main，最后访问时间：2022年7月19日。

况核查授权书》。

（六）不适用告知承诺制的情形。列入国家、北京市信用信息服务平台信用惩戒名单的，在信用修复前不适用告知承诺制。申请人信用修复适用国家和本市失信信息信用修复相关规定。

（七）服务内容。法律援助机构根据案情免费为申请人提供以下形式的法律服务：

1. 解答法律咨询、代拟法律文书；

2. 刑事辩护、刑事代理；

3. 民事、行政诉讼代理；

4. 行政复议代理，劳动、人事争议仲裁代理和其他非诉讼法律事务代理；

5. 法律、法规、规章规定的其他形式。

（八）核查与申诉

1. 核查方式。法律援助机构将对申请人承诺的真实性采取在线核查、信函索证等方式进行核查。

2. 失信认定标准。法律援助机构经过核查后认定申请人的承诺不符合实际情况的，申请人承诺即可认定为虚假承诺，视为一般失信行为。法律援助机构认定申请人失信后应在五个工作日内通知申请人。

3. 异议复查。申请人对核查结果有异议的，可以在接到法律援助机构通知后五个工作日内向法律援助机构解释、说明、申诉。法律援助机构应当在五个工作日内完成复核并将复核结果告知申请人。

4. 结论。申请人对法律援助机构认定失信后未对核查结果提出异议，或者经法律援助机构复核仍认定为失信行为的，申请人承担虚假承诺责任。经法律援助机构复核，申请人未存在虚假承诺的，法律援助机构继续提供法律服务。

（九）虚假承诺的责任

1. 依据《北京市法律援助条例》第三十条第（一）项规定，申请人以欺骗、隐瞒事实或者其他不正当手段获得法律援助的，应当被依法终止法律援助。

2. 依据本实施意见，申请人提供虚假承诺申请法律援助的，将被记入失信记录，共享至北京市公共信用信息服务平台失信名单，在国家和本市信用平台进行公示，成为政府失信联合惩戒对象。

3. 根据法律、法规、规章之规定，由司法行政部门责令其支付已实施法律援助的费用，并处罚款；构成犯罪的，依法追究刑事责任。

（十）公示。法律援助机构作出给予法律援助的决定后，将申请人的姓名、住所地、申请援助事项、承诺内容、给予法律援助等信息，通过法律援助机构服务大厅信息公示栏（电子设备）、网络、申请人居住地等方式进行公示，公示期为 3 个月，并设立投诉举报电话，接受公众监督。

二、申请人承诺

申请人现自愿作出如下承诺：

（一）本人已经知晓《法律援助条例》《北京市法律援助条例》《法律援助申请告知承诺书》等全部内容，填写的信息、提交的材料真实、合法、有效、完整；

（二）本人属于适用告知承诺制的情形第____项且不存在《法律援助申请告知承诺书》所列不适用告知承诺制的情形；

（三）如有不实，本人愿意承担以下法律责任和后果：1. 被法律援助机构依法终止法律援助；2. 列入失信人名单；3. 承担行政、刑事责任；

（四）本人提供的信函索证信息（单位名称及地址：________________________________

联系人及电话：________________）真实有效，如出现查无此人、退件、地址变更未及时告知导致无法送达等情形，视为已送达（信函索证信息不公开）；

（五）上述承诺是本人真实意思的表示。

（以下内容为二选一）

□申请人作出承诺的：

申请人签名/签章：

年　　月　　日

法律援助中心（章）

□由法定代理人代替申请人作出承诺的：

年　　月　　日

法定代理人签名/签章：

年　　月　　日

（本文书一式两份，法律援助机构与申请人各执一份）

六、法律援助办案人员补贴申请材料[1]

序号	材料名称	材料来源	材料必要性	数量要求	介质要求
一	法律援助指派通知书	中介机构或法定机构产生	必要	原件 1 份	文本类；纸质
二	委托代理/辩护协议	申请人自备	必要	原件 1 份	文本类；纸质
三	授权委托书	申请人自备	必要	原件 1 份	文本类；纸质
四	受援人权利、义务及风险告知书	申请人自备	必要	原件 1 份	文本类；纸质
五	谈话笔录	申请人自备	必要	原件 1 份	文本类；纸质
六	阅卷笔录	申请人自备	非必要	原件 1 份	文本类；纸质
七	阅卷材料	申请人自备	非必要	原件 1 份	文本类；纸质
八	证据目录	申请人自备	非必要	原件 1 份	文本类；纸质

① 参见《法律援助办案人员补贴申请材料》，载北京市人民政府网，http：//banshi. beijing. gov. cn/pubtask/task/1/110116000000/f1d8d7e9-a8f2-4644-88c0-faf42c4cfd44. html，最后访问时间：2022 年 7 月 19 日。

续表

序号	材料名称	材料来源	材料必要性	数量要求	介质要求
九	受援人提供的证据材料和调查材料	申请人自备	非必要	原件1份	文本类；纸质
十	传票、出庭通知书	申请人自备	非必要	原件1份	文本类；纸质
十一	庭审笔录	申请人自备	非必要	原件1份	文本类；纸质
十二	代理词及质证意见	申请人自备	必要	原件1份	文本类；纸质
十三	裁判性文书或阶段性工作说明	申请人自备	必要	原件1份	文本类；纸质
十四	法律援助案件承办情况通报/报告记录	申请人自备	必要	原件1份	文本类；纸质
十五	征询意见表	申请人自备	必要	原件1份	文本类；纸质
十六	法律援助案件结案报告表	申请人自备	必要	原件1份	文本类；纸质
申请材料总要求	无				

七、法律援助办案人员补贴办理流程[①]

<table>
<tr><th>办理环节</th><th>办理步骤</th><th>办理时限</th><th>办理人员</th><th>审查标准</th><th>办理结果</th></tr>
<tr><td>申请受理</td><td>受理</td><td>1 个工作日</td><td>受理人员</td><td>材料齐全，符合法定形式</td><td>接收申请</td></tr>
<tr><td>审查与决定</td><td>决定</td><td>30 个工作日</td><td>审批人员</td><td>材料齐全，符合法定形式，补贴金额符合法定标准</td><td>作出发放决定</td></tr>
<tr><td rowspan="3">颁证与送达</td><td rowspan="2">发证</td><td rowspan="2">5 个工作日</td><td rowspan="2">财务人员</td><td colspan="2">结果名称</td></tr>
<tr><td colspan="2">1. 法律援助中心申请类案件结案补贴确认表
2. 通知辩护类案件结案补贴确认表</td></tr>
<tr><td>送达方式</td><td colspan="4">窗口领取或通过银行转账将办案补贴发到申请人账户</td></tr>
</table>

① 参见《法律援助办案人员补贴办理流程》，载北京市人民政府网，http://banshi.beijing.gov.cn/pubtask/task/1/110116000000/f1d8d7e9-a8f2-4644-88c0-faf42c4cfd44.html，最后访问时间：2022 年 7 月 19 日。